中國歷史之旅

宋元興衰

宋詒瑞 著

新雅文化事業有限公司

www.sunya.com.hk

目 錄

導讀

自公元960年宋朝建立以來，一直受到契丹族、女真族、蒙古族等外族威脅。宋太祖趙匡胤實行中央集權、重文輕武，致使宋朝國力漸漸衰落，對遼、夏屢戰屢敗；後徽宗重用奸臣、政治腐敗，北宋終為金所滅。宋高宗趙構重建宋朝，是為南宋，對金仍採取投降政策，屈膝求和。蒙古族崛起後，宋聯蒙滅金，但難逃亡國命運，元世祖忽必烈消滅南宋，統一中國。

宋元兩代這四百多年的歷史，英雄人物輩出：有抗遼英雄楊家將、推動新政的忠臣范仲淹和王安石、鐵面無私的清官包拯、盡忠報國的大將岳飛、正氣凜然的文天祥和一代天驕成吉思汗等，他們的事跡可歌可泣，為中國歷史寫下光輝的一頁。

新雅文化事業有限公司於1997年第一次出版《中國歷史之旅》系列，簡明有趣的說故事手法，一直深受小讀者的喜愛。如今重新出版，除有精美的彩色插圖，還加入了「思考角」和「知多一點」兩大內容，跟小讀者分享對中國歷史故事的看法和觀點，還有延伸知識、談談一些典故的出處和古今意味等，希望小讀者們能以自己獨特的角度，細味中國歷史，論人論事。

1. 趙匡胤黃袍加身

五代到了後周時，百姓對長期混戰、國家分裂的局面已十分厭倦，渴望統一。周世宗在位時先後統一了關中地區和淮河流域，又北伐契丹，打下了統一的基礎。可惜周世宗壯志未酬，公元959年後因病死去，由七歲的兒子即位，就是周恭帝。

周恭帝年紀太小，所以國家大事全由文武大臣處理。當時的宰相是范質、王溥，兵權則掌握在趙匡胤（粵音孕）手裏。趙匡胤手下有弟弟趙匡義、**幕僚**①趙普，還有武將石守信等**把兄弟**②。

趙匡胤本是周世宗手下的得力大將，他知兵善戰，很有才能，跟着世宗南征北戰，立下不少戰功。世宗在世時十分信任他，臨死前提拔他做**殿前都點檢**③，控制了後周的兵權。

小知識

①**幕僚**：古代稱將帥幕府中參謀、書記等人。

②**把兄弟**：指結拜的兄弟，也叫盟兄弟。

③**殿前都點檢**：指禁軍統帥。

世宗死後，後周政局不穩，人心不定，謠言紛起，都說趙匡胤快奪取皇位了。五代時期，武將奪取皇位的事很多，所以這種猜測也不足為奇。而且事實上，趙匡胤見恭帝年幼無知，真的想奪取帝位。於是，他就和趙匡義等人秘密策劃了一幕奪位鬧劇。

公元960年春天，正月初一的早上，按規矩後周朝廷正在舉行新年的朝見大典，忽然接到邊境送來的緊急戰報，說是北漢與**遼國**①的軍隊聯合攻打後周北部邊境，聲勢浩大。

大臣們聽後慌作一團。宰相范質和王溥匆忙商量後決定，由趙匡胤帶領大軍前去抵抗。

趙匡胤接到命令後，立即調兵遣將，兩天後大軍就從**汴京**②出發，同去的還有他弟弟趙匡義和親信趙普。

當天晚上，軍隊開到汴京東北一個叫陳橋驛的地方，趙匡胤命令將士就地紮營休息。

兵士們都倒頭呼呼大睡了。一些將領聚在一起議論國事。趙匡胤的一個親信對大家說：「皇上年幼，不能主持國事。我們拼死拼活去打仗，將來有誰知道我們的功勞呢？還不如現在就擁立趙點檢做天子！」

大家聽了連聲贊同，就一齊去見趙匡義和趙普，

把這意見告訴他們。

趙匡義聽了高興地說：「這正是人心所向啊！」他一方面囑咐大家要安定軍心，不要造成混亂；一方面趕緊派人告訴留守在京城的禁軍將領，叫他們在京城內部策應。

沒多久，這消息就傳遍了陳橋驛軍營。第二天黎明，將士們鬧哄哄地擁到趙匡胤住的驛館，手執武器列隊站在庭院裏，等他起牀。

趙匡胤起牀後剛走出臥室，眾將便齊聲說道：「諸將無主，願請點檢做天子。」

趙匡胤還沒來得及說話，就被眾人簇擁到廳堂，幾個人把早已準備好的一件**黃袍**③，七手八腳地披在他的身上。眾將一起下拜，齊聲高呼：「萬歲！」請他馬上回京城登位。

小知識
①**遼國**：契丹族首領耶律阿保機學習漢人文化技術，發展生產，統一各部落，於公元 916 年建立大契丹國，公元 947 年，契丹國王耶律德光改國號為遼。
②**汴京**：汴，粵音便。今河南開封市。
③**黃袍**：皇帝穿的黃色龍袍。

表面看來趙匡胤是眾望所歸，被眾將硬扶上皇位的，而實際上，是趙匡胤和他的親信一手策劃的一場鬧劇，可是他當時還假意推讓了一番，最後說：「你們既然立我做天子，我發號令，你們聽嗎？」

　　將士們異口同聲回答：「願聽命！」

　　趙匡胤又說：「到了京城以後，要保護皇帝和太后，不能欺侮冒犯；也不准傷害朝廷大臣，不許搶劫國庫和百姓。凡是執行我命令的，將來必有重賞；違令的一定要嚴辦。」

　　於是，他帶領大軍，調轉馬頭，回到京城。趙匡胤本來就是禁軍統帥，加上有將領們擁護，誰敢不服從？將士們一路上陣容整齊，秋毫無犯。

　　京城居民早已聽說了政變的事，見趙匡胤的大軍去了又來，非常驚慌。後來眼見回城的士兵紀律嚴明，沒有作亂，心裏就安定了。趙匡胤帶兵順利開進城裏，沒有遇到什麼抵抗。

　　將領們把宰相范質、王溥找來。趙匡胤裝出為難的樣子對他們說：「世宗待我恩義深重，今天被將軍們逼迫成這個樣子，真是慚愧。你們說怎麼辦呢？」說着，他脫下黃袍，雙手捧着，痛哭流涕。

范質是位忠厚的長者，他信以為真，正想上前安慰幾句，趙匡胤的一個部下按劍上前，大聲喝道：「我們今天一定要立趙點檢做天子！」

　　「不得無禮！」趙匡胤假意斥道：「還不給我退下！」那將領卻按劍怒目，紋絲不動。

　　范質、王溥嚇得臉色也變了。還是王溥先明白過來，急忙退至階下，倒身下拜，口呼萬歲。范質沒辦法，也只好跪了下去。

　　其餘文武百官見二位宰相已經臣服，便一個個先後拜倒在地。已經到了這地步，恭帝和皇太后也只得接受了這事實。

　　當天下午就舉行了禪讓大典。周恭帝讓了位，趙匡胤即位做了皇帝，因為趙匡胤原來擔任過**宋州**①歸德**軍節度使**②，所以立國號為宋。國都仍定在汴京，歷史上稱作北宋，趙匡胤就是宋太祖。

小知識
①宋州：今河南省商丘縣南。
②節度使：管轄幾個州的軍事、行政長官。

自導自演的「黃袍加身」

趙匡胤被部下強把龍袍披上身做了皇帝，好似處於被動地位，其實這事是他和幾個親信共同策劃的，包括他的弟弟趙匡義、妹夫高懷德（副點檢）、幕僚趙普等人。所謂北部邊境的緊急戰報也是假的，宰相范質和王溥慌忙中不辨真假，便決定由趙匡胤帶隊伍去抗敵，這樣他們就有機會詳細準備奪權之事。

大軍出發那天，天空中出現了類似太陽的一團光亮物體，可能是受陽光反射的雲層，也叫「假太陽」。趙匡義等人就造謠說天上有兩個太陽遊盪，那是要改朝換代的跡象，以此來鼓動軍心，製造輿論說更換皇帝是天命。當部下被授意要趙匡胤登位後，趙匡義和趙普就派人連夜趕回汴京，送信給他們的親信石守信和王審琦，要這兩名禁軍將領作內應。就這樣裏應外合上演了這場奪權鬧劇。後來「黃袍加身」成為一句成語，意即陰謀發動政變取得成功。

事件發生在陳橋驛，所以也稱作「陳橋兵變」。陳橋，位於河南省新鄉市封丘縣東南部，五代時已經建村，有一姓陳的人出資修復一座小橋，所以叫陳橋。後周時在此設立驛站，當年一棵繫戰馬的老槐樹歷經千年已枯死，但還存有四間房屋，現已被河南省列為重點文物保護單位。

2. 杯酒釋兵權

　　從歷代皇朝的更替，我們可以看到軍權是最關鍵的一環。誰的軍事實力強，誰就有了主動權，就可以支配大局。趙匡胤自己也就是利用了手中的兵權而奪取到王位的。所以，如何防止陳橋兵變、黃袍加身這類事件的重演呢？這是宋太祖即位後首先要考慮和解決的一件大事。

　　趙匡胤即位稱帝，領兵在外的節度使並沒有完全降服。不到半年光景，就有兩個節度使起兵反對宋朝。宋太祖親自出征，費了好大勁才平定了叛亂，穩定了局勢。

　　但宋太祖心裏還是不踏實，他反覆思考怎樣才能確保自己的統治。一次，他單獨找大臣趙普談話，問他：「自唐末以來，幾十年中間換了五個朝代，帝王換了八個姓，戰亂不斷，不知道死了多少百姓。原因在哪裏？我想結束這種情況，應該怎麼辦呢？」

　　趙普回答說：「道理很簡單。國家亂，毛病就出在**藩鎮**①的權力太大，君弱臣強。如果把兵力集中到朝廷，控制他們的財力，天下就太平了。」

　　宋太祖是聰明人，他立刻知道自己應該怎麼做了。

　　宋朝軍隊的主力，是由朝廷直接統領的**禁軍**②。宋

初全國兵額有三十七萬，其中禁軍就有二十萬。禁軍將領中，有的是太祖的親信或結拜兄弟，有的是直接參加陳橋兵變擁立太祖的功臣，全部是統治集團中的核心人物。這些掌軍事實權的大將以後會不會篡權呢？太祖實在放心不下。

於是，宋太祖在即位第二年的一個秋天的晚上，準備了豐盛的酒席，請石守信等一批高級將領來喝酒。

酒過幾巡，宋太祖撤下了在旁侍候的太監，拿起酒杯請大家乾杯後說：「沒有你們的幫助，我也不會有今天。但是你們哪裏知道做皇帝的艱難，倒不如做節度使快活自在。不瞞你們說，我沒有一夜睡得安穩的。」

石守信等人聽了覺得很奇怪，忙問為什麼。

宋太祖說：「這還不明白？皇帝這個位置，誰不想坐呢？」

將領們聽出話中有音，便說：「如今天下已定，誰還敢有異心？」

小知識

①**藩鎮**：在邊境和重要地區的節度使權力逐漸擴大，兼管民政和財政，形成軍人割據，常與朝廷對抗，歷史上叫做藩鎮。

②**禁軍**：古代稱保衛京城或宮廷的軍隊。

宋太祖苦笑着説：「我對你們當然信得過。但是，如果有朝一日，你們的部下貪圖富貴，也把黃袍加在你們身上，到時候你們想不幹，恐怕也不行。」

石守信等將領聽了大吃一驚，感到大禍臨頭，一面跪下叩頭，一面哭着説：「我們這些粗人太笨，沒有想到這一點，請陛下指明一條生路！」

於是宋太祖意味深長地説：「人生短暫，誰不想讓自己家庭和子孫後代享福安樂？我為你們打算，不如交出兵權，到地方上做個閒官，買些田產房屋，給子孫們留些產業，自己也快快活活過一輩子。我再和你們結幾門親家，君臣就像一家人，不是相安無事了嗎？」

這番話，既是勸告，又是警告。將領們聽後，連忙向宋太祖叩頭謝恩：「陛下為我們想得太周到啦！」

　　第二天上朝時，他們每人都遞上一份奏章，說自己年老多病，請求辭職。

　　宋太祖十分高興，馬上照准，還假意對他們安慰了一番，賞賜了大量財物，解除了他們的兵權，派到地方上去做節度使。只有石守信還留在禁軍中當官，但已是沒有多大實權的了。

　　這就是有名的「杯酒釋兵權」故事，宋太祖不用一兵一卒，就解除了眾多大將的軍權，你說這個人厲害不厲害？

　　當時，有些節度使還掌握着很大的權力，於是宋太祖決定故技重演一次。

　　公元969年，幾個資格很老的節度使來朝見宋太祖，宋太祖在御花園舉行酒宴。席間，宋太祖裝着很誠懇的樣子說：「你們幾位都是國家的元老功臣，長久在外，事務又那麼忙，我真過意不去！」

　　有個乖巧的節度使馬上接口說：「我本來沒什麼功勞，現在年紀也大了，請陛下批准我告老回鄉吧！」宋太祖立即答允了他的要求。

還有幾個節度使不識時務，竟嘮嘮叨叨地誇說着自己的功勞。宋太祖聽了，冷冷地說：「這些都是陳年老賬了，還提它幹什麼？」

　　第二天宋太祖就宣布解除他們的節度使職務，給他們安排了沒有實權的官職，留在京城。

　　宋太祖收回地方兵權後，建立了新的軍事制度。他把地方上的精兵抽調到中央當禁軍，由皇帝直接控制；把禁軍輪流派到外地駐守，兵士經常換防，將領也經常由朝廷調派輪換。這樣一來，「兵無常帥，帥無常師」；「將不識兵，兵不識將」，節度使就沒有力量割據，禁軍將領也無法擁有重兵，軍權集中在皇帝一人手中。宋太祖更把地方上的行政權和財政，分別派人接管過來，節度使成了沒實權的官銜。

　　宋太祖還有厲害的一着，就是把武將調離軍職後，改用文臣去當武將。他曾得意地說：我現在派一百多文人擔任地方的藩鎮，就算都去貪污，為害也不及武將的十分之一。

　　加強中央集權的措施雖然有助於維護國家統一，但是卻削弱了宋朝軍隊的戰鬥力，邊防力量也薄弱了，這惡果以後就逐漸顯現了出來。

3. 李後主當亡國奴

歷代君主都知道「攘外必先安內」。要對付外敵，必須先安定內部。宋太祖把握住大權後，雄心勃勃，準備出兵統一全國。當時的割據勢力中，北方有北漢和遼國，南方有南唐、吳越、後蜀、南漢和南平等（見下圖）。應該先從哪裏着手呢？先打北方，還是先打南方呢？宋太祖心中沒底。

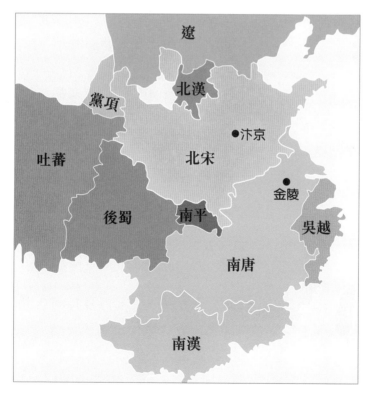

一個風雪之夜，人們都冷得躲在家裏，不敢外出。大臣趙普也在家裏烤火取暖，忽然聽見門外傳來一陣急促的敲門聲。他感到很奇怪，這麼冷的晚上，還有誰會來找他？

　　他打開門一看，雪地裏站着一個披着斗篷的人。仔細一看，他大吃一驚，原來來的竟是宋太祖。

　　趙普忙把宋太祖請進屋裏。兩人坐在火爐旁，邊烤火邊喝酒。趙普問：「雪下得這麼大，陛下幹嗎還要出來？」

　　宋太祖歎口氣說：「我睡不着呀，臥牀以外，都是人家的地方！」

　　趙普明白了他的意思，知道宋太祖是來找他商量統一大計的。於是兩人就密談了起來。

　　趙普說：「如果我們先打北漢，就會受到遼國的威脅。現在南方的割據勢力較弱，江南一帶又很富庶，早日攻下對我們有好處。不如先削平南方，回過頭來收拾北漢，他跑不了的。」

　　宋太祖笑着說：「我們想到一塊兒了。」

　　於是宋太祖先加強了北方的防守力量，防止北漢和遼的進攻，解除了後顧之憂，然後向南進攻。

大約用了十年的時間，南平、後蜀、南漢先後被宋太祖消滅了，接下來的目標是南唐。

南唐是「十國」中最大的一個割據政權。那裏土地肥沃，沒有遭到戰爭破壞，所以經濟穩定，社會繁榮，國力強盛。但是，南唐的君主都是昏庸無能的人，國力就漸漸衰弱下來。

南唐的最後一個國主李煜（粵音沃），歷史上稱為南唐後主，是一位著名的詞人，對詩詞、音樂、書畫都十分精通，但就是不懂得處理國事，不大過問政治。他自知不是宋太祖的對手，所以自從北宋建國以來，每年向北宋**進貢**①大量金銀財寶，想維持自己的地位。

李後主看到宋太祖接連消滅了周圍的三個小國，這才驚慌起來，趕快派使者給宋太祖送去一封信，表示願意取消南唐國號，自己改稱江南國主。這點小小的讓步怎能使宋太祖滿足？公元974年九月，宋太祖命令十萬大軍分水陸兩路攻打南唐。宋軍很快打到江北，可是被遼闊的江面擋住了進軍的道路。

小知識

①**進貢**：封建時代藩屬對宗主國或臣民對君主呈獻禮品。

有人獻計造**浮橋**①渡江，於是工程就開始了。

消息傳到南唐的國都**金陵**②，李後主與臣子們正在喝酒。李後主問大臣們應該怎麼辦？

有個大臣說：「自古以來沒聽說大軍可以搭浮橋過江的，他們一定不行！」

李後主聽了哈哈大笑：「我早就知道他們是小孩子瞎鬧呢！」

誰知道，過了三天，宋軍就搭好了浮橋，部隊像在平地上行走一樣，順利地跨過長江。南唐守將逃的逃，降的降，十萬宋軍很快就打到了金陵城邊。

糊塗的李後主還不知道事情的嚴重性。一天，他親自巡城，看到城下全是宋軍的旌旗，才大吃一驚，連忙派大臣徐鉉到汴京去見宋太祖。徐鉉對宋太祖說：「後主以小國侍奉大國，像兒子侍奉父親一樣孝順，並沒有什麼過失，宋朝為什麼要出兵討伐呢？」

宋太祖反問道：「你倒說說，父親和兒子能分成兩家嗎？」

徐鉉無話可說，只得回了金陵向李後主報告。過了一個月，宋軍圍城越來越緊，李後主又派徐鉉到汴京去。

徐鉉苦苦哀求宋太祖不要進攻金陵，太祖聽得不耐煩了，手按利劍怒氣沖沖地說：「你不要多說了，李煜並沒有什麼罪。但是天下一家，我的臥榻邊，怎麼能讓別人睡着打鼾呢！」

徐鉉垂頭喪氣回到了金陵。後主知道求和沒希望了，急忙調動駐守外地的十五萬大軍來救。援兵在路上受到宋軍兩路夾攻，南唐軍想用火燒宋軍，哪知風向轉為北風，反而燒了自己，南唐軍全軍覆沒。

有人來向南唐後主勸降，免得城裏百姓的生命財產遭到損害。後主還想拖延，宋軍就開始攻城。

第二天，金陵城被攻破了。宋軍整隊進城，秩序井然。李後主叫人在宮裏堆了柴草，準備放火自殺，但是最後也沒勇氣，只得帶着大軍出門投降。

李後主被押到汴京，宋太祖對他還比較客氣，提供給他優越的生活條件。但是李後主從一個盡情享樂的國君變成一個亡國的俘虜，心裏十分辛酸，每天以淚洗面。他本是寫詩詞的能手，以前寫的大多是吟花弄月的

小知識
①浮橋：在並列的船或筏子上鋪上木板而造成的橋。
②金陵：今江蘇南京市。

詩詞，脂粉氣很重，現在他的筆觸轉向抒發亡國心懷，寫了一些懷念祖國、感情憂傷的詞，最著名的是這首「虞美人」：

春花秋月何時了，往事知多少？

小樓昨夜又東風，

故國不堪回首月明中。

雕欄玉砌應猶在，只是朱顏改。

問君能有幾多愁？

恰似一江春水向東流。

據說宋太祖讀了這首詞後，覺得他念念不忘南唐，留着他對大宋終是個禍害，就賜毒藥給他，把他毒死了。想不到這首淒美動人的詞，成了一代君主的絕命詞！

4. 抗遼英雄楊家將

你一定聽說過楊家將的英雄故事，抗遼老將楊老令公和他的七個兒子及一個孫子，祖孫三代投身抗遼和西夏，他們英勇作戰，保家衞國，多名捐軀疆場，事跡可歌可泣，後人把他們的故事寫成小說，改編成戲曲，搬上舞台，並塑造了楊門女將佘太君、穆桂英等女英雄的故事，流傳了八百多年。現在我們來看看他們的動人事跡吧。

五代十國時期，後晉的石敬塘為了自己能做皇帝，割讓北方邊境的**幽雲十六州**①土地給契丹貴族，以換取支持。從此長城沿線的險要地方全被遼國佔據，遼軍可以任意深入華北平原，進行侵擾和掠奪。

宋太祖用了十三年工夫，消滅了南方各國，接着就回過頭來出兵攻打北漢。北漢請遼國出兵援助，打敗

小知識

①**幽雲十六州**：幽即幽州，今之北京市，雲即今山西大同。幽雲十六州是指今河北、山西北部的十六處地方。

了宋軍。不久，宋太祖得病死去，弟弟趙匡義即位，即宋太宗。

宋太宗決心完成統一北方事業。公元979年，他親自率領四路大軍圍攻北漢首都太原，截住遼兵，獲得大勝。北漢滅亡。

楊業是北漢大將，這時就歸附北宋。宋太宗早就聽說楊業武藝高強，十分器重他，任命他為**代州**①刺史，守衞宋朝的北方邊境。楊業對太宗的信任十分感激，因此歸宋後忠貞不二，屢建戰功。

公元980年三月，遼國出動十萬大軍侵犯雁門關，如果**雁門關**②失守，代州就難保。鎮守代州的楊業手下

只有幾千人馬，兵力相差很大。但是楊業是個有經驗的老將，他知道硬拼不行，就把大部分兵力留在代州，自己只帶幾百名騎兵，悄悄地從小路繞到雁門關後方。

南進的遼軍一路上沒遇到什麼抵抗，正在得意。忽然，後面響起一片衝殺聲，只見煙塵滾滾，一支騎兵從背後殺來，衝進遼軍隊伍，亂砍猛殺。遼兵毫無防

小知識
①代州：今山西代縣。
②雁門關：代州北面的重要門戶。

備，又不知對方到底有多少人馬，嚇得四處逃散，陣容大亂。楊業舉兵追上去，殺死了一名遼朝貴族，還活捉了一員遼將。

雁門關大捷後，楊業威名遠揚。遼兵以後一看到「楊」字旗號就嚇得避開，不敢交鋒，人們就把楊業叫做「楊無敵」。

宋太宗給楊業升了官，大加嘉獎。由此引起一些將領的忌恨，有人給宋太宗上了奏章，說了楊業許多壞話。太宗不理睬那些誣告，把那些奏章封好了，派人送給楊業。楊業見宋太宗如此信任自己，十分感動。

公元986年，宋太宗見遼國政局變動，便決心出兵收復幽雲十六州。他派三路大軍北伐，派楊業作西路統帥潘美的副將。

西路軍節節勝利，收復了四個州。但是東路的主力部隊因為孤軍深入，被遼軍殺得大敗，宋太宗就趕快命令各路宋軍撤退。潘美和楊業接到命令，要他們掩護四個州的百姓撤退。

這是個艱巨的任務，因為有兩個州已落入遼軍之手，遼軍的兵勢很猛。楊業根據多年與遼國作戰的經驗，建議派兵佯攻，吸引遼軍主力，並派精兵埋伏在退

路要道，掩護軍民撤退。這樣可以避開敵人的鋒芒，不必硬打。

這是一個穩妥的方案，但是監軍王侁（粵音新）反對，說：「我們有幾萬精兵，為什麼這麼膽小害怕？我看我們儘管大張旗鼓地行軍，好讓敵人見了害怕。」

楊業說：「現在敵強我弱，這樣幹一定要失敗。」

王侁冷嘲熱諷地說：「楊將軍不是號稱無敵嗎？如今看到敵兵就畏縮不前，是不是另有打算？」

楊業十分氣憤，橫下心來說：「我並不怕死，只是因為時機不利，不願意讓士兵白白送死。你們一定要打，我領兵前去就是了。」

潘美明知這樣出兵凶多吉少，但是他早就妒忌楊業的才能，就沒加以阻攔。楊業無可奈何，只好帶兵出發了。臨走前，他流着淚對潘美說：「這次出兵，一定會失敗。我本想等待時機為國家殺敵，現在大家責備我避敵，我不得不先死。」他又指着前面一個谷口說：「希望你們在這谷口兩側埋伏好。我敗退到這裏後，你們帶兵接應，兩面夾擊，也許有轉敗為勝的希望。」

說完，他就帶着兒子楊延玉和部下向前奔去。遼

軍聽說是楊業前來，出動大批軍隊把宋軍團團包圍起來。楊業父子雖然英勇奮戰，畢竟寡不敵眾。敵人像潮水般湧上來。楊業拼殺了一陣，抵擋不住，只好一邊打一邊後退，把遼軍引向谷口。這時他身邊只有一百多人。

到了谷口，只見兩邊靜悄悄，一個人影也沒有。潘美帶的主力到哪兒去了呢？原來潘美、王侁在谷口等了一天，不見楊業到來，王侁認為一定是楊業打敗了遼兵，他怕楊業獨自立了大功，連忙撤了埋伏跑了；後來聽說楊業吃了敗仗，他們就更是逃得快，顧不上去接應他了。

楊業見沒人來接應，氣得直跺腳。他決心以身報國，就對部下說：「你們都有父母妻兒，不必跟我一起死，趕快突圍出去，還可報告朝廷。」

部下們都感動得哭了起來，沒有一個願意離開楊業。楊業只得帶領他們與追兵博鬥起來，最後，兵士都戰死了，楊業的兒子楊延玉也犧牲了。楊業身上受了幾十處傷，渾身是血，還繼續來回衝殺，殺傷了幾百名敵人。不料他的戰馬中了箭倒下，把他摔了下來，就被活捉了。

他堅決不投降遼軍，在遼營裏絕食了三天，含恨去世了。

楊業戰死的消息傳到汴京，朝廷上下都為之歎息。宋太宗下詔嘉獎他，把潘美降職處分，王侁革職查辦。

楊業的其餘六個兒子繼續為朝廷出力。其中楊延昭最有名，也就是傳說中的楊六郎。他鎮守邊關二十多年，多次打退遼軍，保衞北部邊疆。

楊延昭的兒子楊文廣，曾在西北抵抗過西夏，後來又在河北一帶做地方官。他也提出過收復幽雲十六州的計劃，但是未被接納。

楊家將祖孫三代英勇抗遼，為保衞宋朝作出了貢獻。人們總是懷念和尊敬歷史上偉大的愛國英雄人物的，所以楊家將的故事深入人心，流傳至今。

楊家將的真實歷史和民間傳説

　　北宋楊家將抗敵衛國的事跡引人入勝，精忠報國精神可歌可泣，為世代傳頌。以楊令公楊業的一把寶刀為首，人稱「一口寶刀八桿槍」，令遼兵聞風喪膽，指的是楊業和他的七個兒子和一個孫子（七郎八虎）。楊令公的主要戰區在今山西省雁門關和大同一帶，但是楊令公廟卻座落在距京城約100公里的古北口，因為古北口長城是戰事最多的關隘之一，在這裏建廟，以楊令公精神激勵士兵英勇作戰。廟門有對聯一幅：「楊氏全家做事忠實不二，專祠一座表揚英勇無雙」，橫批是「氣壯山河」。

　　楊家事跡廣為傳播，編寫成小説、戲曲、評書等形式，明代演義小説《楊家將》把民間傳説的故事集中起來，描寫楊家世代忠烈，父輩犧牲，子孫繼續；丈夫捐軀，妻子頂上；主人戰死，丫鬟出戰，當中有些是歷史事實，有些卻是虛構的。佘太君確有其人，是楊業的妻子，本名佘賽花，但小説描寫她追隨丈夫征戰幾十年，上陣時打着白色令字軍旗，丈夫和七個兒子為國犧牲後，她百歲高齡仍親自掛帥西征抗擊西夏入侵，這些楊門女將的故事大部分卻是虛構的。其實歷史上只有楊業、楊延昭（楊六郎）、楊文廣（楊業的孫子）是楊家將的主要人物，沒有楊宗保、穆桂英。

5. 用錢買來和平

歷史上只聽說過兩國交戰以後，被打敗的一方要求和，就不得不向戰勝國交納賠款，或是割地。這裏卻是一個相反的例子。交戰以後，戰勝的一方反倒拿出大量錢財來給戰敗國，求他以後不要再來搗亂。這樣滑稽的事發生在北宋時候⋯⋯

宋朝兩次攻打遼國失敗以後，便不敢再主動出擊，完全採取守勢了。

有人想出辦法，在與遼國交界的地區開鑿了一些人工河，稱為界河，還在河的兩面密密麻麻地種了許多樹木。可是，河流和樹林哪能阻擋得了遼軍的進攻呢？

公元1004年，遼國聖宗親自率領二十萬大軍南下，打到靠近黃河的**澶州**①，直接威脅着京城汴京。

告急文書雪片樣的飛向汴京，宋真宗召集羣臣商量對策。有的大臣主張放棄汴京，遷都金陵；另一個大臣是四川人，主張遷都成都。

小知識
①澶州：也叫澶淵，今河南濮陽。

宋真宗拿不定主意，就找宰相寇准商量：「有人勸我遷都金陵，有人勸我遷都成都，你看怎麼辦好？」

寇准嚴肅地說：「主張遷都的人，應該殺頭！現在上下齊心，要和敵人決一死戰，陛下應親自出征，鼓舞士氣，就一定能打退遼兵。如果放棄京城南逃，人心崩潰，敵人就會乘虛而入，國家還保得住嗎？」

寇准是個新上任的宰相。他個性剛強，嫉惡如仇，為人耿直，辦事果斷，深得太宗信任。在太宗時就當了官，新近剛提拔當宰相。

宋真宗聽了寇准這番話，也壯了膽，決定親自率兵出征，由寇准隨同指揮。

這年十一月，宋真宗的人馬到了韋城。守衛澶州的宋軍聽說皇上親自出征，士氣高漲。

這時，遼軍已經三面圍住了澶州。宋軍在要害的地方設下**弩箭**①。遼軍主將帶了幾個騎兵觀察地形，正好進入伏弩陣地，弩箭齊發，遼軍主將中箭喪了命。遼軍士氣頓時受到很大挫折。

可是，朝廷內的主和派又一次提出要遷都。真宗本來就沒有決心抗敵，一聽這些意見就又動搖起來，問寇准的意見。

寇准直言說：「主張遷都的人都是膽小無知的人，如今敵軍迫近，情況危急。陛下只能前進，不能後退一步！在河以北的我軍日夜盼望陛下前去，他們信心很足。如果陛下後退，百姓失望，軍心渙散，勢必瓦解，到時候恐怕連金陵也保不住了。」

宋真宗在寇准和大臣們的一再催促下，才同意動身到澶州去。他在澶州北城門樓上召見眾將。遠近將士在城樓下望見真宗的**御蓋**②，歡呼跳躍，齊聲高呼萬歲。真宗見士氣已經鼓起來了，就把軍事大權交給寇准。

這時，幾千名遼軍騎兵前來攻城。寇准下令開城門出擊。宋軍奮勇衝殺，消滅敵人一大半，遼軍士氣更低落了。

宋軍得勝後，真宗命令寇准留在北城，自己回行宮去了。但是他一直沒有決心抗遼。早在他出征之前，就已派了個官員到遼國去進行談判。遼軍因為不斷受挫，

小知識
①**弩箭**：古代兵器，利用機械力量射出的箭。
②**御蓋**：帝王用的傘狀遮蔽物，用以擋陽光和遮雨。

處境越來越不利，見宋朝主動求和，當然**正中下懷**①，就同意了。但談判中遼國又提出無理要求，要宋朝割讓土地。

宋真宗和寇准商量說：「割讓土地是不行的，如果遼人要些金銀財帛，我看可以答應。」

寇准根本反對議和，他說：「他們要和，就要他們歸還幽雲失地，怎能給他們錢財？」

但是主和派認為再打下去不一定會贏，不如見好就收兵，每年送些財物，雙方維持和平就算了。為了打擊寇准，他們造謠說寇准主戰是想利用軍隊奪取權勢。寇准就不好再堅持了。

真宗派使者去遼營談議和條件，叮囑他說：「如果他們要賠款，就是每年一百萬也答應算了。」

寇准聽了很痛心，跟着使者出了門，一把抓住他說：「賠款數目不能超過三十萬，否則回來的時候我要你的腦袋！」

使者談判完畢回營時，真宗正在吃飯，不能馬上接見。真宗急着想知道談判結果，就叫小太監去問問使者到底答應了多少。使者覺得這是國家機密，一定要面奏。太監要他說個大概，他就伸出了三個指頭作

了個手勢。

太監向真宗一回報，真宗以為賠款數目是三百萬，不禁驚叫：「這麼多！」他想了想，又輕鬆起來，說：「能夠了結一件大事，也就算了！」後來他聽了使者報告，知道只是三十萬時，不禁喜出望外，稱讚他辦事能幹，卻不知道這是寇准逼出來的。

第二年，即公元1005年，宋遼雙方正式訂立和約，規定宋朝每年給遼國白銀十萬兩，絹二十萬匹。因為這次和約是在澶淵訂立的，所以稱為「澶淵之盟」。

不用說，這筆巨額賠款長期成為北宋人民額外的沉重負擔。由於寇准的堅持抗戰，避免了更大的失敗，宋真宗覺得他有功勞，挺敬重他。但是主和派卻挑撥說，寇准勸真宗親自出征，是把皇上當賭注，孤注一擲，簡直是國家的一大恥辱。真宗想起在澶州的情景，真是有點後怕，就反過來怨恨寇准，撤了他的宰相職務。

小知識

①正中下懷：正好符合自己的心願。下懷，自己的心意。

6. 狄青小兵當大將

宋真宗用錢買到了和平，穩住了遼國那一頭，誰知西北邊境的**黨項族**①卻又鬧起事來。他們經常侵犯宋朝邊境，公元1038年，首領元昊正式宣布即位稱帝，國號大夏，建都**興慶**②。因為它在宋朝的西北，歷史上叫做西夏。夏宋之間多次發生戰爭，宋朝大敗。想不到後來由一個小兵出身的狄青扭轉了北宋被動挨打的局面。

陝西**保安**③的宋軍守將盧守勳這幾天總是愁眉苦臉的。為什麼？因為西北面西夏的部隊又一次向保安發起了進攻，這次盧將軍要調自己的部隊卻真是有些調不動了。怎麼會這樣呢？

西夏軍已經多次進攻保安了，西夏人粗獷善戰，騎馬術又特別好，一到戰場上橫闖直撞，沒命地拼殺，宋兵哪裏是他們的對手？每次都敗下陣來，隊伍被打得落花流水。所以宋軍兵士們一聽說要跟西夏打仗都很害怕。剛才盧將軍召集手下各將領開會，談到抵抗西夏軍的作戰部署時，幾位將領都推三阻四的，不想接受這任務。士兵們聽說要上戰場，個個垂頭喪氣的。這樣的士氣怎能出征？

正在這時，新到任的小軍官狄青來求見，他對盧將軍說：「將軍，西夏兵又來犯，抗擊敵人刻不容緩。我請求擔任先鋒隊出征！」

盧將軍高興得直點頭：「好，好！將士們個個都像你這樣的話，勝利就有希望了！」

狄青本是京城禁軍裏的一個普通士兵。他從小練得一身武藝，騎馬射箭，樣樣精通，加上膽大力壯，很快就得到上級的賞識，提拔他做了個小軍官。近日西夏頻頻侵擾邊境，宋仁宗就派一部分禁軍去邊境防守，狄青被派到陝西保安，在盧將軍手下。他剛到不久，盧將軍也想從戰鬥中看看，這位小軍官是否如人們傳說的那樣英勇善戰，於是馬上撥給狄青一支人馬去出征。

出戰的那天，只見狄青換了一身打扮，他解開髮髻，披頭散髮，頭上戴了一個銅面具，只露出一雙炯炯發光的眼睛。狄青手拿一枝長槍，帶頭衝進敵陣，左右

小知識
①**黨項族**：中國古代少數民族之一，是羌族的一個分支。
②**興慶**：今寧夏回族自治區銀川市。
③**保安**：今陝西志丹。

刺殺，勇不可擋。西夏士兵見到狄青這副打扮，都已經心驚膽戰了。自從西夏進犯宋朝邊境以來，從沒碰到過這樣厲害的對手。狄青帶領宋軍衝殺了一陣，西夏軍的陣腳大亂，紛紛敗退。狄青的部隊追擊過去，打了一個大勝仗。

捷報傳到朝廷，宋仁宗十分高興。以前對西夏屢戰屢敗，這次總算揚眉吐氣了。仁宗把盧將軍提升了官職，狄青更是提升了四級。本來還想召狄青回京城，由仁宗親自接見。後來因為西夏兵又進犯渭州，狄青被調去抵抗，就不能回京了。只得叫人給狄青畫了肖像送到朝廷去。

以後幾年裏，西夏兵不斷在邊境各地進犯，弄得地方很不安寧。狄青前後參加了二十五次大小戰鬥，受了八次箭傷，從沒打過敗仗。西夏兵一聽到狄青的名字，就嚇得不敢出戰。

公元1039年，宋仁宗派大臣韓琦和范仲淹到陝西指揮抵抗西夏的戰爭。范仲淹久聞狄青大名，所以一到

陝西，便立刻召見他。范仲淹見狄青一表人才，心中很是喜歡，便問狄青讀過些什麼書。狄青回答說自己出身兵士，識字不多，沒讀過什麼書。

范仲淹勸他說：「你現在是個將官了，要讀些書啊！做將軍的只靠個人的勇敢是不夠的，還要能博古通今，具有豐富的知識。」他還介紹了一些必讀的書目給狄青。

狄青見范仲淹這樣關心自己，十分感激。以後，他利用打仗的空閒時間刻苦讀書，幾年後，已把秦漢以來各名將的兵法讀得滾瓜爛熟，又因為立了戰功，不斷得到提升，名聲更大。後來，宋仁宗把他調回京城，擔任馬軍副**都指揮使**①。

狄青的臉上有一些黑色的**刺字**②跡，是他以前當小兵的時候留下的。有一次，宋仁宗召見他時，提起這件事。仁宗認為當了大將，臉上還留着黑字，很不體面，叫他回家以後敷上藥，把黑字除掉。

小知識

①**都指揮使**：五代時啟用的官名，是統率兵士的將領。
②**刺字**：宋朝有個殘酷的制度，為了防止兵士開小差，在兵士臉上刺上黑字。

誰知狄青說：「陛下不嫌我出身低微，按戰功把我提到這個地位，我很感激。至於這些黑字，我寧願留着，讓士兵們見了，知道應該怎樣上進！」

宋仁宗聽了，很讚賞他的見識，更加器重他了，不久就又提拔他為**樞密使**①，掌握全國的軍事。

一個小兵出身的人能當上樞密使，這是宋朝歷史上從來沒有過的事。有些大臣覺得不合適，勸仁宗不該把出身低微的人提到這麼高的職位上，但是宋仁宗這時正需要將才，便沒有聽他們的。

我們平時說：英雄不問出處。意思是說不管一個人的出身如何低微，只要他肯努力充實自己，勤奮工作，就能做出一番大事業。而到了這時候，人們就不應該為他的出身而看低他，相反，應該為他付出了比平常人更多的努力，而格外尊敬他！

狄青能從一名小兵當上大將，除了英勇善戰外，他能勤奮學習不斷充實自己，也是一個重要因素。所以我們要趁年輕努力學習，豐富自己的學識，日後才能被人器重，服務社會啊！

小知識

①**樞密使**：樞密院的主要長官，輔助宰相，分別掌管軍事和政務，是君主身邊的親信大臣。

7. 先天下之憂而憂的范仲淹

上文提到的北宋大臣范仲淹是蘇州吳縣人，兩歲時死了父親，家境貧寒。但他很有志氣，發憤讀書。十多歲時他借住在一個廟宇裏讀書，一天三餐也吃不上，每天只熬一鍋粥，等到粥冷卻凝固後，用刀劃成兩大塊，早晚各取一塊就着鹹菜吃了充飢。有個南京留守的兒子，看了很感動，告訴了父親。他父親就讓兒子送些飯菜給范仲淹，可是他放在一旁不吃，説：「我很感謝你們的好意。不過我長期喝粥習慣了，並不覺得苦。如果享受這些美食，以後怎麼再能吃苦呢？」

他如此苦讀了五、六年，終於成了一個很有學問的人，而且養成了嚴肅認真的辦事作風和勤勞節儉的生活方式。

後來，范仲淹考中了進士，開始做官。早年的貧困生活使他了解和同情民間的疾苦，他決心為國家和百姓做一番事業。

公元1033年，江淮一帶遭受了嚴重的旱、蝗災害，各地紛紛送來奏章，可是朝廷依然歌舞昇平，不採

取措施。擔任**右司諫**①的范仲淹非常氣憤，去面諫宋仁宗：「陛下，皇宮裏這幾千人，如果半天不讓他們吃東西，你看會怎麼樣？」

仁宗一時不知他的用意，隨口答道：「人不吃東西，怎能生存？」

「陛下講得非常對！可是，如今江淮一帶遭了災，百姓沒東西吃，餓死了萬千人，朝廷應該怎麼辦？」

仁宗被他問得說不出話來，只好問他：「依你看，該怎麼辦呢？」

「依我看，趕快派官員去救災。一來可解百姓之苦，二來可使百姓對陛下感恩戴德。」范仲淹不假思索地說出自己的意見。

仁宗就派范仲淹去賑災。范仲淹騎着馬，走在田間大道上，看見土地都乾得龜裂了，莊稼全都枯死，連樹上的葉子也被災民搶光。頭上的太陽毒辣辣的，一點

小知識

①**右司諫**：官名，宋神宗元豐改制，諫院定員八名，其中左、右司諫各一人，正七品官，掌管對朝廷的規勸、進諫、上奏等事項，以期皇上引以為鑒戒。

下雨的跡象也沒有。范仲淹看着這一切，心裏好難受。

迎面來了一羣逃荒的難民，衣衫襤褸，面黃肌瘦。有個白髮蒼蒼的老人，一手拄着棍，一手拿着把野草，呻吟着在吃着。

「這種草是不能吃的呀！」范仲淹趕緊跳下馬，奪下老人手中的野草。

「你們這些當官的，成天吃得飽飽的，不顧我們的死活，還要來奪我的口糧！」老人氣呼呼地撲上來要搶回那把草。

范仲淹一陣心酸，馬上叫隨從拿出給他預備的食物來給老人說：「那草是不能吃的，你吃這些吧！」

老人跪在范仲淹面前說：「剛才我錯怪了您，望您恕罪。」

此時，災民們都跑來跪在范仲淹面前高喊：「大老爺，救救我們呀！」

范仲淹對災民們說：「你們的災情朝廷已經知道了，我就是派來救災的。」他馬上帶災民們回到縣城

去，讓縣官開倉放糧。之後，他每到一處，就立即命令縣裏開倉放糧；官倉裏的糧食不夠，就讓官府動員豪門富戶把多餘的糧食獻出來。因此，江淮一帶的老百姓都非常感激他。

後來因為范仲淹向仁宗揭發宰相濫用職權、任用私人，被宰相排擠，調到南方。西夏戰爭發生後，范仲淹主動要求到陝西去，在抵抗西夏的戰爭中立下大功，仁宗覺得他的確是個人才，便把他調回京城做副宰相。

當時宋朝內政腐敗，機構臃腫，人浮於事，一些官員為非作歹，不關心百姓疾苦；加上軍費和賠款支出龐大，財政發生恐慌。范仲淹向宋仁宗提出十項改革措施，整頓官吏制度、提倡農桑、減輕勞役、加強軍備、嚴格法令等，宋仁宗都採納了。歷史上把這次改革稱為「**慶曆**①新政」。

為了貫徹新政，范仲淹派了一批**監司**②到各地去視察，根據他們送來的報告，把那些不能勝任的官員，從登記簿上除名。

有個大官看到范仲淹勾掉很多官員的名字，對他說：「范公呀，你這一筆勾掉一個名字很容易，可是會害得人家一家子都哭呀！」

范仲淹嚴肅地回答說：「不讓一家子哭，那就要害得一**路**③的老百姓都哭了！」

這句話說得多深刻呀！把一個壞官除名，只影響他一家；不除他名，將有多少人家受害！

范仲淹的改革觸犯了貴族的利益，遭到許多皇親國戚、權貴大臣、貪官污吏的反對，他們散布謠言、攻擊新政，仁宗也動搖了。新政只推行了一年多就失敗了，范仲淹也被降了職。

范仲淹是封建統治集團中一個難得的人才，他的一生，充分表現出他在著名的散文《岳陽樓記》中所抒發的崇高情懷：「先天下之憂而憂，後天下之樂而樂。」這樣「吃苦在前，享樂在後」的好官，人民是永遠懷念的。

小知識

①**慶曆**：慶曆是宋仁宗的年號。

②**監司**：即監察官。

③**路**：路是宋朝政區名稱。

岳陽樓與《岳陽樓記》

　　文中提到范仲淹所寫的散文《岳陽樓記》膾炙人口，也使得岳陽樓名傳千載。關於岳陽樓和《岳陽樓記》我們應該知多一點。

　　岳陽樓位於湖南省洞庭湖邊，相傳是三國時代東吳大將軍魯肅操練檢閱水軍的地方，唐代擴建成樓。它是一座三層純木結構，樓高近二十米，以四根楠木大柱支撐全樓；再以十二根圓木支撐二樓，另以十二根梓木頂起飛檐，不用一釘，彼此咬合，穩如磐石。樓頂的形狀好似一頂將軍頭盔，很有特色。它是江南三大名樓之一，自古有「洞庭天下水，岳陽天下樓」之說。

　　岳陽樓的所在地岳陽市，宋朝時屬於巴陵郡，郡守滕子京是很有才學的人，因被人誣告而被貶到此地。他在巴陵做了很多好事改善民生，又想到要重修岳陽樓，就請好友范仲淹寫文作記。當時范仲淹也是第二次被朝廷貶到河南鄧州。他只是憑藉滕子京給他的一幅《洞庭晚秋圖》寫就此文，並沒去登岳陽樓。

這篇文章共三百六十八字，先描述從岳陽樓上所見洞庭湖的浩瀚氣勢，運用了很多四言對偶句，如「沙鷗翔集，錦鱗游泳」、「長煙一空，皓月千里；浮光躍金，靜影沉璧」。然後轉為抒發自己的感情，含蓄地勸朋友「不以物喜，不以己悲」，要有「先天下之憂而憂，後天下之樂而樂」的胸襟和情懷。全文記述、寫景、抒情、議論融為一體，尤其是那幾句警句已成為後人的處世格言，有人說這是一篇很獨特的議論文。

8. 鐵面無私包青天

你一定很熟悉包公的故事吧？一定看過很多集名為《包青天》的電視劇，知道包公是如何鐵面無私審判案件，打擊權貴、嚴懲惡霸、為民伸冤。每當看到包公辦完一個案件，**硃筆**①一勾，喊聲「開**鍘**②！」剷除了邪惡，伸張了正氣，大家都不由得拍手稱快。包公的故事很多是虛構的傳說，那麼，史實中的包公究竟是怎樣的一個人呢？

我們先來看看使包公一舉揚名的「牛舌案」吧。

包公的原名是包拯，**盧州合肥**③人，公元999年生。二十八歲那年考中進士，開始當官。

他曾在**天長縣**④當過縣令。有一次，縣裏發生了一個案件要他來審理。

一個農民氣急敗壞地趕到縣衙門來告狀，包拯叫他把案情好好講一講。那農民說：「我昨天夜裏照常把耕牛拴在牛棚裏，早上起來，發現牛躺倒在地上，嘴裏流着血，我嚇壞了，跑過去掰開牛嘴一看，天哪！牛的舌頭被人割掉了！不知是哪個壞蛋幹的，請包大人為我追查，為我伸冤！這頭牛現在流血不止，也不能吃草，

眼看活不長了，怎麼辦呢？」說着，他大哭起來。

包拯估計這是冤家幹的，但是沒有辦法證實。他想了一下，對農民說：「你先別聲張，回家去把你那耕牛宰了賣肉吧。」

農民很害怕：「大人，私宰耕牛是違法的，我不敢！」

包拯說：「這牛也活不了多少天了，你就聽我的把牠宰了，不用怕！」

農民想想也對，縣官叫宰，別人還敢說什麼？於是第二天他果真把耕牛殺了。

到了第三天，就有一個人也來衙門告狀，說：「大人，有人違反官府命令，私殺耕牛，賣肉賺錢。」

小知識

①硃筆：蘸紅色的毛筆，批公文、校古書、批改學生作業等常用紅色，以區別原寫原印用的黑色。

②鍘：鍘刀，本為切草的器具，在底槽上安刀，刀的一頭固定，一頭有把，可以上下活動。古代用以處決判以死刑的罪犯。

③廬州合肥：今安徽省合肥市。

④天長縣：今安徽省天長縣。

包拯問：「你知道他為什麼殺耕牛嗎？」那人吞吞吐吐地回答：「好像聽説是……牛的舌頭被……被割掉了……」

包拯把臉一沉，厲聲責問：「你為什麼偷割他家的牛舌頭，反倒來告人私宰耕牛？好大的膽子！」

那告狀的人一聽就驚慌失措！雙腿一軟跪了下來，伏在地上磕頭認罪，老實承認是他幹的。原來他跟那農民有仇，所以先割了牛舌，又去告發牛主人宰牛。

自此以後，包拯審案的名聲就傳開了。人們都知道天長縣有個審理牛舌案的包大人。

包拯處理案件時，執法如山，鐵面無私。他在廬州府做官時，有個堂舅父貪贓枉法，被人告到包拯那裏。包拯派人把堂舅父捉到官府來嚴加審判。堂舅父向他求饒，一些親戚也趕來説情，都以為包拯會看在親戚份上，可以大事化小，小事化了。

可是，包拯一概不聽這些求情的話，他冷冷地説：「不是我沒有情義，誰叫他犯法呢？」説完就命令差役當場把堂舅父打了一頓板子，那些親戚們看得目瞪口呆，再也沒有人敢犯法了。

包拯做了幾任地方官。他每到一地，都取消一些

苛捐雜稅，清查了一些冤案，所以深受老百姓愛戴。後來，他被調到京城做**諫官**①，也提出了不少好建議。

當時，開封府裏居住的都是皇親國戚、權貴顯要人物，他們與歷屆知府勾結，憑仗權勢，無法無天。宋仁宗正想整頓一下開封府，便把包拯調去當知府。

包拯上任後，決心革除腐敗風氣，為百姓作些好事。

按宋朝的規矩，到衙門告狀之前，先要托人寫個狀子，還得通過衙門小吏把狀子傳交給知府。一些訟師惡棍就從中敲詐勒索，使老百姓告狀難上加難。包拯廢除了這條規矩，老百姓要訴冤告狀，可以直接到衙門前擊鼓。鼓聲一響，府衙門就大開正門，讓百姓直接上堂申冤。這樣一來，貪官們就無計可施。百姓們有包拯撐腰，勇氣大增，告倒了不少為非作歹的土豪劣紳，一吐冤氣。

包拯剛正不阿，明察善斷，解決了很多疑難案件。對犯法的皇親國戚也執法嚴明，毫不留情。對殘害百姓的高官，包拯親自向皇帝上奏疏**彈劾**②，甚至敢在金殿上當面與宋仁宗據理力爭，堅持要仁宗以天下為重，免去這些壞人的官職。

因此，一些權貴們只得收斂了一些，不敢為所欲為了。也有些權貴想對包拯行賄送禮通通**關節**③。但是包拯清明廉潔，奉公守法，使他們無隙可乘。據說他曾在端州做官，那裏出產的**端硯**④很著名，每年都要選送一批進貢皇帝。以前的地方官常趁機大肆收刮，私下貪污一批端硯去奉承權貴大臣。包拯在任時期，每年按進貢數量收端硯，自己一塊也不拿。人人都知包拯是個大

小知識

①**諫官**：諫院的官員，等於現今的監察官員，凡朝廷的政事及用人有不當之處，諫官都可向皇帝進諫。

②**彈劾**：君主時代擔任監察職務的官員檢舉官吏的罪狀。

③**關節**：本指骨頭互相連接的地方，以喻起關鍵性作用的環節。在此通關節指舊時暗中行賄勾通官吏的事。

④**端硯**：端州出產的石硯，用端溪地方的石頭製成，石質堅實細潤，雕刻精美，是名貴的手工藝品，硯台中的上品。

清官，民間流傳着兩句歌謠：「關節不到，有**閻羅**①、包老。」

包拯的生活非常儉樸，雖然後來做了大官，他的衣着、用具、飲食還和從前一樣樸素。他平生最恨貪官污吏，在留給子孫的一篇《家訓》裏寫道：「後世子孫凡做官貪污的，不得回歸老家，死後也不許葬在包家的祖墳中。」

疾惡如仇、廉潔愛民的包拯生前得到人們愛戴，死後也被當作是千古清官的典型，人們尊稱他為「包公」、「**包龍圖**②」。包青天的形象家喻戶曉，永遠活在人民心中！

小知識

①**閻羅**：佛教對管地獄的神的稱呼，也叫閻羅王、閻王、閻王爺，也比喻極兇惡的人。此兩句是說包公鐵面無私，如同閻羅王一樣不講情面。任何人都不能在他們那裏打通關節（指走後門）。

②**包龍圖**：因包拯得過龍圖閣學士官銜，故名。

說起包公，他在很多故事和電影中的形象都是面色黝黑的，所以也叫他黑面包公。事實是不是這樣呢？另外，他額上常畫有一彎月，那是什麼意思呢？

　　據歷史記載，包公的皮膚並不黑，戲劇和小說中為了塑造包公鐵面無私的形象，就描寫他「面如玄檀」，即是有一副像黑色檀木那樣墨黑的嚴肅面相，加上他不苟言笑，令人望而生畏。因此他被人稱為「黑面包公」、「包黑子」、「包黑炭」。

　　至於他額上的彎月圖案，那是來自傳說因為包公審案公正不阿，名聲廣傳，連陰間閻羅王也邀請他去審鬼魂。所以他不分晝夜工作，白天在陽界辦公，夜裏到陰間去審案，額上有一彎明月照路。

　　這些當然僅是傳說而已，但是「包青天」包拯在歷史上確有其人，是百姓交口讚譽、流芳百世的清官好官。

9. 王安石變法失敗

我們常常說「除舊迎新」，舊的東西不除去，新的東西就建立不起來，社會要不斷革新才能進步。但是革新談何容易！一來是要有人敢於創新，二來是人們往往習慣於舊事物，不願接受新事物，會千方百計阻撓新事物的產生。北宋時代由王安石發起的一場聲勢浩大的變法運動，就是在與保守勢力的激烈爭鬥中敗下陣來。

王安石是北宋著名的文學家和政治家。他從小喜歡讀書，過目不忘，文章也寫得極好，因此二十歲時就考中進士，做了幾任地方官。他在任期間體察民情，築堤壩挖池塘，興修了水利，發展了交通；他又在**青黃不接**①的季節把官倉的穀子借給農民，秋收後連利息收回，既方便了百姓，又更新了官庫存糧，農民不再受地主豪強的重利剝削，生活也有所改善。

當時的北宋危機重重：一百多年來國家沒有什麼改革，暮氣沉沉；大地主大官僚對百姓的剝削嚴重，朝政腐敗；再加上因為國家軟弱打不過遼和西夏，只得每年送給他們大批絲絹財物，財政負擔沉重。這個國家正像一個體弱多病、又拒絕吃藥的人，情況一天天惡化。

北宋的第六位皇帝是宋神宗，他即位時才二十歲，朝氣勃勃，一心想找個得力的助手，好好進行一番改革，改變國家的不景氣狀況。

神宗身邊有個官員叫韓維，常常能說出一些很好的見解，每逢神宗稱讚他時，他就說：「這是我朋友王安石說的。」因此神宗對王安石已有了一個很好的印象。現在要找助手進行改革，便自然想到了王安石，下令召他進京城。

王安石聽說神宗正在物色人才要作一番事業，又派人來召見他，心想這是實現自己抱負的機會，便高高興興應召上京了。王安石到了開封府，神宗第二天就接見了他，說：「我知道你已經很久了，希望你能好好幫助我。你看要治理好國家，該從哪兒着手？」

王安石從容不迫地回答道：「改變風俗，確立法度，是當前最迫切的事。」

宋神宗聽了點頭稱是，要王安石回去寫份詳細的改革意見書來。王安石當晚就寫好，第二天送了上去。神宗閱後，覺得王安石提出的意見都很合自己的心意，

小知識

①青黃不接：指田裏的莊稼還沒成熟，而儲存的陳糧已經吃完，暫時缺乏的時候。

越發信任他了，第二年就任命他為**參知政事**①，那年王安石已經四十九歲了。

那時朝廷有四名宰相，不是有病就是已經年老，都害怕改革。王安石知道依靠他們辦不成大事，經神宗批准，他任用了一批年輕的官員，成立了一個主持變法的機構，叫做「制置**三司**②條例司」，通過它制定新法頒佈天下。新法的主要內容有：

一、農田水利法：政府借出錢，鼓勵各地開墾荒地、興修水利，每年增產糧食幾百萬**石**③。

二、**方田**④均稅法：為了防止大地主隱瞞田產偷稅漏稅，每年由政府丈量土地，按照土地多少、肥瘠，分等級規定稅額。如此為北宋王朝增加了稅收。

三、青苗法：秋收前政府借錢米給農民，秋收後加息十分之二還糧或錢，使農民免受地主豪紳的盤剝。

四、免役法：國家出錢僱人服役，民戶按貧富等級交納免役錢，不服役的官僚地主也要交錢。如此既增加了官府收入，也減輕了農民的差役負擔，是一種進步的做法。

五、保甲法：規定農戶每十家為一保，五十家為一大保，十大保為一都保。每家有兩個以上**壯丁**⑤，就

要出一人為保丁，農閒時練兵，戰時編入軍隊打仗。

新法的推行收到了很好的效果。全國興修了大型水利工程一萬多處，灌溉了農田，人民得到好處，國家增加了收入。

但是，新生事物總是會遭到保守勢力的反對和抵制的，這也是社會發展的一條規律。新法的內容觸犯了大地主大官僚的利益，限制了他們對農民的剝削，打擊了他們的經濟特權，因此他們紛紛向神宗遞上奏章和文書，攻擊變法，咒罵王安石。

當時正好有個地方發生了地震和山崩，保守派就乘機造謠，說是王安石的變法亂了幾千年以來祖先建立的秩序，所以老天爺發怒了，應該罷黜王安石。

小知識

①**參知政事**：相當於副宰相的職位。

②**三司**：是中央的財政機關，包括戶部、度支、鹽鐵。在三司之上設置立法機關，表明王安石的新法是以理財為中心，目的是富國強兵。

③**石**：也稱市石，容量單位，一市石等於一百市斤。

④**方田**：當時由縣官丈量土地，以東西南北各一千步為一方田，作為納稅單位。

⑤**壯丁**：舊時指達到當兵年齡的青壯年男子。

一天，神宗把王安石找去，説：「外面都在議論紛紛，説我們不怕天變，不聽人們的輿論，不守祖宗的規矩，你看怎麼辦？」

　　王安石説了三句有名的話：天變不足畏，祖宗不足法，人言不足恤。意思是自然界的災害不用怕；祖宗的立法不是一成不變的，不適應時代需要的就可以改變；社會輿論有正確和錯誤的，只要自己做得正確，就不怕別人議論。

　　王安石堅持變法，但宋神宗卻不像他這麼堅定。保守派大都是元老重臣，勢力強大，並得到兩個太后的支持。太后拼命攻擊新法，在神宗面前哭哭啼啼，説天下已被王安石搞亂了，逼着神宗停止變法。

　　神宗即位的第七年，河北鬧了一次旱災。一連十個月沒下雨，土地龜裂，農民斷了糧，到處逃荒。一個官員趁機畫一幅「**流民**①圖」呈送神宗，説「旱災是王安石變法造成的，只要停止變法，罷免王安石，天一定會下雨。」

　　由於保守派的強烈反對，原本支持王安石的神宗也動搖了。王安石眼看新法不能再實行下去，被迫兩次辭職，從此再也沒有做官。

王安石離開朝廷後，宋神宗還把大部分新法維持了十年。神宗死後，高太后執政，啟用了**翰林學士**[2]、保守派領袖**司馬光**[3]，形勢就起了急劇的變化。王安石剛開始推行新法，司馬光就上書神宗陳述新法的種種危害，認為「祖宗制訂的法規是不可以改變的」。高太后執政後重用司馬光，凡事都聽取他的意見，於是司馬光在數月之間把新法一一廢除，將新黨全部罷黜，王安石的變法至此宣告失敗。

　　從中可見，在歷史的長河中，新與舊的鬥爭是何等的劇烈。人類社會就是在這種爭鬥之中，一步步艱難地不斷前進的啊！

小知識

①**流民**：因遭遇災害而流亡外地，生活沒有着落的人。

②**翰林學士**：唐代以後皇帝的文學侍從官，從進士中選拔。是皇帝最親近的顧問兼祕書官，有「內相」之稱，往往能升任宰相。

③**司馬光**：進士出身，著有不朽巨著《資治通鑑》。司馬光曾寫了一部《通志》獻給宋英宗，英宗很賞識，命令開設史局繼續修撰。到神宗時，這部書被命名為《資治通鑑》，內容涵蓋從戰國到五代的史事，以政治、軍事為主，經濟、文化為次，目的在於供統治者從歷代治亂興亡中取得借鑒。

10. 「文壇三蘇」是指誰？

假如你到江浙飯館去進餐，就可以吃到一道名叫「東坡肉」的名菜。大塊大塊的紅燒肉，燜得酥爛而不肥膩，噴香噴香的，令你食指大動。為什麼這道菜以北宋大文學家蘇東坡的名字為名呢？

原來蘇東坡曾在王安石手下做過官，因為他寫詩反對新法，被降了職。他主動要求到杭州去做**刺史**①。他在杭州動員百姓疏浚西湖，堆泥築堤（後被稱為蘇堤）。大堤完工的那天，他令人買了很多豬肉，切成大塊加上佐料燜了一大鍋，請民工們大吃一頓。這種肉的味道很好，後人便學着做，並叫它為「東坡肉」。這道菜很快成為江南名菜。

蘇東坡原名蘇軾，是歷史上著名的文學家和書畫家。他一生的軼事不少，至今仍為人們津津樂道呢！

蘇軾和弟弟蘇轍聰明用功，在父親蘇洵的指導下，從小吟詩作畫，習字寫文，都有極高的文學造詣。蘇軾二十歲那年，父親帶他們弟兄倆到京城去考進士。當時的主考官是歐陽修，他讀到蘇軾的文章，拍案叫絕。但因為考卷上不寫名字，他不知考生是誰。根據文章的風

格來看，他猜想這位考生是他自己的學生曾鞏，他怕別人說他偏祖，就把這篇文章評為第二名。到了發榜的那天才知道原來這位考生是剛剛來京城的年青人蘇軾。

歐陽修接見了蘇軾，和他談了一會兒，覺得他才華出眾，氣度不凡。事後他對人說：「像他這樣出色的人才，我真應該讓他高出一頭呢！」成語「出人頭地」就是這樣來的。

蘇軾的弟弟，十九歲的蘇轍也同時考上了進士。兩個兒子雙雙上榜，做父親的當然非常高興，他見歐陽修很重視文才，便把自己寫的二十幾篇文章托人送給歐陽修指教。歐陽修閱後十分賞識，破例地沒有經過考試就任命蘇洵為**祕書省校書郎**②。

於是，蘇家父子三人在京城都出了名，後人稱他們為「三蘇」，名列「**唐宋八大家**③」之中。父子三人

小知識

①**刺史**：是州的長官，掌握一州的軍政大權。

②**祕書省校書郎**：祕書省是官署名，專管圖書典籍；校書郎是官名，掌管校勘書籍，訂正訛誤。

③**唐宋八大家**：唐宋兩代出了很多散文作家，人們把其中八位最著名的合稱為唐宋八大家，除了「三蘇」之外，尚有唐朝的韓愈、柳宗元，北宋的歐陽修、王安石和曾鞏。

共同享譽文壇，在歷史上是很少見的，一時傳為美談。

　　蘇軾在青年時曾提出過一些政治革新的主張，但後來卻漸漸變得保守了，還反對王安石的新法。他被降職在**黃州**①時，生活貧困，靠朋友的幫助在山坡上弄到一塊地，蓋了一間屋住，還耕種一些土地來維持生活。因為那個地方叫東坡，他就為自己取個別號叫「東坡居士」，所以後來人們就常把蘇軾叫做蘇東坡。

　　在那些失意的日子裏，蘇軾常常遊覽山水，寫詩作文來抒發心情。一次，他聽說黃州西北的長江邊有個叫赤壁的名勝古跡，就約了幾個朋友僱一條小船，在一個月夜去遊覽。他們在船上飲酒作詩，度了個通宵，玩得很盡興。回來以後蘇軾先後寫了有名的散文《前赤壁賦》及《後赤壁賦》和詞《赤壁懷古》，文中不僅描寫了赤壁的秀麗景色，還抒發了自己壯志未酬的苦悶心情。可是蘇軾卻犯了一個地理上的錯誤，他誤把處於長江下游的**黃州赤壁**②當作是周瑜火燒曹軍的三國赤壁來歌頌，黃州赤壁卻因此而出了名，後人為了紀念這位大文學家，就稱它為「東坡赤壁」。

　　蘇軾在黃州時還有一件趣事值得一提。一次有個官員去拜訪他，僕人進去稟報後，過了好一陣蘇軾才出

來見客。他對客人道歉說：「對不起，剛才因為我要完成一些功課，所以讓您久等了。」

客人大為不解：「您在做什麼功課呢？」

「抄《漢書》。」蘇軾回答說。

客人很驚訝：「以先生的才能讀《漢書》可以過目不忘，為何還要抄書呢？」

蘇軾答道：「不能那麼說。我抄《漢書》已抄了三遍，現在才了解得比較透徹些。」

客人要求看看他抄的書。蘇軾令僕人拿了一本來，他讓客人任意從書中提一句話，他就能滔滔不絕接着背下去，一字不錯。客人對蘇軾認真求學問的精神十分欽佩。

蘇軾蘇轍兄弟間的感情非常好。兩人離京分別赴地方上任後，常常互寄詩文訴說思念之情。有一年的中秋節，蘇軾正在密州就任，他對着明月喝了一個晚上的酒，醉了，提起筆來寫下了著名的《水調歌頭》一詞，

小知識

①黃州：今湖北黃岡。

②黃州赤壁：原名赤鼻磯，此處靠江邊的崖石突出下垂，顏色赭赤，屹立如壁，所以又稱赤壁。

抒發對分別七年的弟弟的懷念，最後那幾句「人有悲歡離合，月有陰晴圓缺，此事古難全。但願人長久，千里共嬋娟①」膾炙人口、傳誦千古。

蘇軾還是個獨創一格的書法家。他的字體豪放活潑，瀟灑清新，具有獨特的風格，尤其擅長**行書**②和**楷書**③，是宋代四大書法家之一。

蘇軾還會畫畫，喜畫竹、枯木和怪石，主張作畫要講究「神似」而不是「形似」，要達到「詩中有畫，畫中有詩」的境界。

現代文學家林語堂先生在《蘇東坡傳》一文中寫道：他「一生嬉戲歌唱，自得其樂，悲哀和不幸降臨，總是微笑接受。這種風情使他成為許多中國文人喜愛的作家。」這正是對這位一代文豪的生動寫照。

小知識

①嬋娟：本意是美好，在此指月亮。

②行書：漢字字體，形體和筆勢介於草書和楷書之間。

③楷書：漢字字體，即現在通行的漢字手寫正體字，由隸書演變而來，也叫正楷。

11. 花石綱

公元1100年初，宋哲宗病死。他沒有兒子，就由弟弟趙佶繼位，即是宋徽宗。

宋徽宗是中國歷史上出了名的浪蕩皇帝。他不懂得如何管理國家大事，卻「不務正業」，整日把玩古物書畫，欣賞奇花異草。他本身倒也是位書畫家，他的「瘦金體」書法字體瘦長，蒼勁有力，自成一格，還會畫

▲ 瘦金體

精細逼真的花鳥畫。但是身為一國之主，把國事民生置之一旁不顧，卻沉湎於花草書畫，豈不荒唐！

荒唐的事還不止於此呢！宋徽宗身邊有六個得寵的官員，他們都是一些投機的政客、弄權的宦官，或是阿諛奉承的小人。為了取得徽宗的歡心，他們濫增捐稅、貪污橫暴，搜刮民脂民膏來供皇室揮霍；又挖空心思，想盡花樣使徽宗過着荒淫腐朽的生活。老百姓們恨透了這幾個傢伙，罵他們是禍國殃民的「六賊」。

現在我們來看看這六賊的所作所為吧。

六賊的頭子是投機分子蔡京，他跟着形勢的變化

見風轉舵①，一會兒擁護變法，一會兒又反對變法，結果被太后貶官到杭州。但是他以字畫巴結徽宗，千方百計投其所好，就被徽宗召回京城，第二年還提升他作了宰相。

蔡京一上台就把一些正直的官員排擠出朝廷，把司馬光等一百二十人列為反對新法的「奸黨」，統統被貶官削職，他就在朝內安插自己的親信。

徽宗喜歡窮奢極慾的享樂生活，蔡京就勾結宦官童貫想方設法來討徽宗的歡心。他們在江南一帶成立了一個造作局，徵用了上千名各種工匠，為朝廷製作用象牙、玉石、牛角雕刻的酒器；並在各地收集名貴字畫和古董送呈徽宗。

時間一長，徽宗對這些玩藝兒也感到厭倦了，蔡京就想出一個新花樣——找來一些奇花異草供徽宗賞玩。徽宗覺得很新鮮有趣，十分滿意，於是蔡京就任命世居蘇州的豪強之子朱勔（粵音免），在蘇州成立了一個「應奉局」，專門為徽宗搜羅各種花石。

這下江南一帶的老百姓就遭殃了：只要哪家的一花一石被朱勔看中，他就會帶着如狼似虎的差役上門，用**黃表紙**②把花石一蓋，宣布說：「這是屬於皇上的東

西了，你們要小心保護，如有差錯，後果自負。」誰要違抗就馬上治罪。

到了運走花石的那天，老百姓家更是大禍臨頭！因為那花石是御用之物了，不能從門中搬出，必須拆屋毀牆後，才把寶物抬走。一些嬌嫩的花草在搬運前如果不慎枯死，那家就要付出巨額罰金。很多家庭被害得傾家蕩產。家中如有這些珍花異草，不再被認為是寶物，反倒成了不祥之物，寧願丟棄，以免招來災禍。

收集了一批花石樹木後，就要運送到汴京，這也是一件勞民傷財的事。朱勔動用大大小小的船隻運送，船尾連着船頭，連綿數十里，這浩浩蕩蕩的船隊就叫花石綱③。花石的搬運得動用千萬名民伕。有一次，朱勔動用

小知識

①**見風轉舵**：也作看風使舵。舵，是船上控制方向的裝置。看着風向而轉動舵，比喻見機行事或看人眼色行事，多用於貶義。

②**黃表紙**：即封條，黏貼在物件上表示該物件已不准任意挪動或開啟，通常封條上註明封閉日期並蓋有印章。

③**綱**：舊時成批送貨物的組織叫綱，往往是用船隊，每批貨分為若干組，一組稱一綱，有十至二十五隻船。這種運輸法也叫綱運。

大船裝運一塊四丈高的太湖石，一路上由幾千個百姓搖船或拖縴，遇到河上的橋樑太低，大船過不去，就立即下令把橋拆掉。有時風浪太大，船隻被掀翻，民伕因此而喪命的也不計其數。至於民工在高山峻嶺之間為採集巨石而跌落懸崖，更是常有的事。

據説宋徽宗在把玩這些花石時，也曾問過蔡京：「這樣做是不是很滋擾百姓？」可是這位善於拍馬的宰相回答説：「這些都是不值錢的花石，在民間沒人欣賞，只有在這裏皇上把它們作為

藝術品，才能物盡其用。」徽宗聽他這麼說，就大為安心了，也不去深究它們是怎麼運來的了。

　　這些奇花怪石運到京城後還得有地方擺放，於是蔡京又動用國庫大興土木，修建萬歲山和翻建延福宮。萬歲山範圍有十多里，山巒間造了許多殿堂樓閣，十分華麗；延福宮經擴充後還開鑿了人工湖海，建造了鶴莊、鹿園等飼養種種珍禽異獸。每年從冬至到第二年元宵節，宋徽宗下令大點花燈，讓市民入宮歌舞狂歡。徽宗自己也常在宮內飲酒作樂。

有一次，徽宗在宴請諸臣時，拿出兩件**玉瑱**①來給大家欣賞。眾人都交口稱讚它們的質地好，雕工精細。徽宗歎氣道：「我想拿來使用，但又怕人家説太奢華了。」

蔡京馬上接口説：「作為一國之君，皇上應享天下之福，一隻小小的玉杯又算得了什麼！」

蔡京常常勸徽宗，「人生短促，何必自苦，要及時享樂」，並提出「**豐、亨、豫、大**②」的口號，為徽宗製造一切享樂的環境和條件，北宋政府多年積蓄的財富就像流水一樣花光了。

蔡京本人更是貪污受賄，大肆搜刮。他每年生日時，各地官員都要向他運送大批禮物，稱為「生辰綱」。他貪污勒索得來的金銀財寶堆積如山，全家過着奢華的生活。家中姬妾成羣，排場豪華，吃一碗鵪鶉羹要殺死數百隻鵪鶉；吃一頓蟹黃包子，竟花掉一千三百多貫錢。

更可笑的是，蔡京還伙同童貫買通了一個假道士林靈素來給徽宗解悶。林靈素在徽宗面前胡吹，説徽宗是上帝的長子下凡人間，蔡京是仙官再世，徽宗最寵愛的妃子劉貴妃是仙妃轉世。聽得徽宗十分高興，在各地

大建道觀，請道士講道，甚至廢佛教，以道教為正宗。
道士們給宋徽宗起了個稱號，叫「教主道君皇帝」。

　　宋徽宗任用奸臣隨心所欲，胡作非為，破壞了國
家經濟，坑害了百姓，埋下了亡國的種子。

小知識

①玉璏：也稱玉盞，玉製的小杯。

②豐、亨、豫、大：就是豐盛、亨通、安樂、闊氣的
　　　　　　　　　　意思。

11. 花石綱

12. 逼上梁山

　　中國古時有句俗話說：官逼民反，民不得不反。北宋末年的情況正是如此。

　　宋徽宗腐敗無能，政權操縱在奸臣蔡京、童貫等「六賊」手中，他們結黨營私，盤剝人民，南方和北方的百姓都生活在水深火熱之中。當時流傳一首民謠說：

　　　打破「筒」（即童貫），
　　　潑了「菜」（即蔡京），
　　　便是人間好世界。

　　從中可以看到百姓對「六賊」是如何仇恨。

　　壓迫必然引起反抗。北宋末年，各地農民紛紛起義，規模最大的是北方的宋江農民起義和南方由方臘領導的農民大起義。

　　你一定在中國古典小說《水滸傳》裏讀到過以宋江為首的梁山泊一百零八個英雄好漢的故事，青面獸楊志、九紋龍史進、大刀關勝、黑旋風李逵，還有武松、魯智深等都是令人難忘的人物。但是小說中的情節和人物與歷史事實有很大的不同。行俠仗義的宋江確有其

人，手下的首領其實只有三十六個。

　　梁山泊①在今山東省梁山縣。此處黃河年年泛濫，很多田地被淹沒，形成了一個方圓八百多里的大湖泊，因為就在梁山附近，所以叫梁山泊。附近居民在這裏打魚捕蝦、採集蒲葦、種植蓮藕為生。

　　北宋政府見梁山泊的水產豐富，有利可圖，便在公元1111年宣布把梁山泊收歸國有，農民來湖裏打魚採藕都要按船繳稅，否則以盜竊罪治理。官府每年要徵稅十多萬**貫**②，荒年也不減免。農民交不起沉重的租稅，紛紛起來造反。梁山上有高峯峻嶺，形勢險要；再加上梁山泊內水路縱橫交叉，複雜的地形易守難攻，很多漁民農民就上了梁山，在宋江領導下舉行了起義。

　　政和年間，也即公元1111年至1118年，在河北和山東地區形成了多支農民起義隊伍。起義軍聲勢浩大，打劫官府，殺地主豪紳，使北宋朝廷大為震動，徽宗派了幾萬名官軍前去鎮壓，但是起義軍採用在各農村地區

小知識
①泊：湖的意思，多用在湖名。
②貫：舊時用繩索穿錢，每一千個錢為一貫。

打完就走的流動戰術，越戰越強，官軍被弄得暈頭轉向，奈何他不得。

1119年起，宋江起義軍向南發展，從山東到江蘇一帶活動，正在此時，在南方也爆發了方臘領導的農民大起義。

方臘本是**歙州**①人，家鄉的日子太窮，過不下去了，便到**睦州青溪**②一個大地主方有常家的**漆園**③裏當傭工。本來日子還勉強過得去，自從朱勔辦了花石綱後，這一帶因為盛產竹木漆茶等作物，常受到朱勔的敲詐勒索，方臘家也吃了苦頭。當地農民恨透了那些官吏差役，方臘就決心把大家組織起來，造官府的反。

1120年十月的一天，方臘正在和農民們秘密策劃起義的日期，不料走漏了風聲，被大地主方有常知道了，方有常怕方臘的行動連累自己，就把方臘關在穀倉裏，叫人去向官府告密。

方臘在農民的幫助下逃出穀倉，殺了方有常一家，宣告起義。幾百個苦大仇深的農民聚集在方臘的漆園裏，方臘激動地對大家說：「我們整天辛辛苦苦，好不容易生產了一些糧食、漆、茶和布，都被官府搶走。賦稅這麼重，我們勞苦一年，結果全家挨餓受凍，連一

頓飽飯也吃不上。你們看怎麼辦？」

大家都齊聲高喊：「聽你的命令！」

方臘決定打起殺朱勔的旗號發動起義，他擔任起義軍的統帥，將士們戴着各色頭巾作為標誌。他們殺死那裏的官吏，焚燒他們的住宅，青溪一帶的百姓紛紛響應，幾天之內起義軍就由一千人發展到幾萬人馬。

十一月初，成立了農民革命政權，方臘自稱「聖公」，年號「永樂」。朝廷震驚，派了五千官兵前來鎮壓，被起義軍打得落花流水，帶隊的兩名宋將也被殺死。

起義軍乘勝攻佔了青溪縣，短短三個月內佔領了六州五十二縣。在起義軍影響下，東南各地人民紛紛起來殺死貪官污吏、土豪劣紳，開倉分糧，救貧濟苦。農民只要看到方臘起義軍的旗號，聽見鼓聲，就趕來迎接。起義軍很快發展成近百萬大軍，震撼了整個東南部。

消息傳到朝廷，嚇壞了宋徽宗，他趕快派童貫帶領

小知識

①**歙州**：歙，粵音攝。今安徽歙縣。

②**睦州青溪**：今浙江淳安。

③**漆園**：種植漆樹的園子。

十五萬大軍前去鎮壓，徽宗哭喪着臉對童貫説：「東南的事情，全靠你了！遇到急事，你可以用御軍代辦。」

童貫施展了軟硬兩手——他來到蘇州，見到花石綱引起很大民憤，便用徽宗名義下了一道**詔書**①，承認自己錯誤，並宣布撤銷專辦花石綱的「應奉局」，把朱勔一家全撤了職。老百姓見除了這個大害，心頭憤恨也稍為平息。

與此同時，童貫又加緊部署兵力鎮壓起義。他把兵力分成兩路，一路開向杭州，一路開向歙州，以重點兵力襲擊分散的農民軍。起義部隊雖然英勇作戰，但是力量分散，缺乏作戰經驗，只是把作戰目標集中在奪取州縣，沒有建立根據地作長期打算，再加上兵器不足，因此接連遭到失敗，很多州縣又落到官軍手裏。

宋徽宗還施展政治欺騙手段，幾次向方臘「**招安**②」，都被方臘拒絕。1121年二月，方臘帶領部分起義軍退守青溪縣，在山谷深處堅持作戰。官軍因為不識山路，攻不進去。但是起義軍裏出了一個奸細，給官軍引路，四月間官軍攻入山谷，方臘沒有防備，連同家屬以及三十多將領一起被俘。官軍對當地人民進行了血腥屠殺。八月，方臘被押送到汴京，英勇就義。分散在各

地的方臘餘部，繼續戰鬥了近一年之久，直到1122年才完全被鎮壓下去。

1121年四月方臘被俘後，宋徽宗親自下令給鎮壓方臘起義的部隊，要他們繼續出戰去捕捉宋江。此時，宋江起義軍已進入**海州**③，搶到十幾隻大船在裝載貨物。官軍摸清這一情況後，先用一部分兵力引誘起義軍在海邊作戰，正當雙方打得激烈時，一些埋伏着的官軍突然搶上船去放火，同時從幾方面殺將出來，把起義軍團團圍住，起義軍寡不敵眾，最終失敗了。

但是梁山泊的起義農民一直在堅持戰鬥。北宋滅亡後，全國軍隊統治梁山地區時，梁山泊仍舊是起義農民的革命據點。

這兩次轟轟烈烈的農民起義雖然失敗了，但是它們沉重打擊了北宋王朝的統治。起義軍英勇反抗壓迫，前仆後繼鬥爭的精神為後人所敬仰。以後，「逼上梁山」就成為被迫而奮起反抗的一句成語。

小知識
①詔書：皇帝頒發的命令。
②招安：指統治者用籠絡的手腕使武裝反抗者或盜匪投降歸順。
③海州：今江蘇省連雲港市。

現實中的梁山

　　《水滸傳》中説梁山泊一百零八個好漢的營地是在梁山，現實中的確有這座梁山，它坐落在山東省濟寧市的梁山縣。梁山西靠黃河，東邊是京杭古運河，北面是東平湖（即是八百里水泊的遺跡）。梁山有七支山脈、四個主峯（虎頭峯、郝山峯、雪山峯、青龍山），主峯海拔一百九十七米，雖然不高，但整座山脈在大平原上峯巒迭起，顯得氣勢雄渾、嚴峻險要。

　　山上有當年林冲火拼王倫的斷金亭、宋江搬運糧草防衞進攻的馬道、李逵等首領飲酒慶功的黑風亭等古跡。因着《水滸傳》的故事，現在梁山縣成為中國有名的武術之鄉，水泊梁山成為著名的風景區。

13. 「靖康恥」是怎麼回事？

　　皇帝是一國之主，理應高坐寶座上，接受群臣朝拜、異邦進貢，威嚴無比。誰知在中國歷史上曾經出現過父子兩代皇帝及整個皇族被敵人抓去當俘虜，受盡凌辱，導致國破家亡的事。這事發生在北宋末年⋯⋯

　　由於徽宗玩物喪志，朝內奸臣當道，北宋一天天衰落下去；與此同時，東北部的**女真族**①卻逐漸強盛起來，成為一支不可忽視的力量。

　　十世紀時，女真族處於遼國統治下，還是過着捕魚打獵的氏族部落生活。後來其中一個完顏部落開始修建房屋、種植五穀、還學會了燒炭煉鐵、製造弓箭器械，漸漸強盛起來，附近一些部落紛紛歸附它。到了十一世紀，完顏部已經統一了黑龍江和烏蘇里江流域的廣大地區。

　　那時，遼國在天祚帝（祚，粵音造）統治下，對女真的壓迫和勒索非常厲害，每年強迫他們進貢人參、

小知識

①**女真族**：中國古代民族，滿族的祖先，居住在今吉林和黑龍江一帶。

貂皮，以及叫「**北珠**①」和「**海東青**②」的兩樣寶物，女真人不勝其煩，產生了強烈的不滿情緒。

十一世紀初，女真族出了一位傑出的首領，名叫阿骨打，他生性剛烈，痛恨遼國的統治。有一個小故事很能說明他的反抗精神：

1112年春天，遼天祚帝到東北春州巡遊，興致勃勃地要釣魚，並下令要女真族的各酋長都來朝見作伴。

那天，天祚帝釣到了頭魚，便舉行了「**頭魚宴**③」，請酋長們喝酒。作為完顏部的首領，阿骨打也在座。酒過三巡，微醉的天祚帝心血來潮，要每一位酋長輪流為他跳舞助興。

那些酋長雖然滿心不願意，但是懾於天祚帝的淫威，不敢不服從。於是一個個離開座位，手舞足蹈地跳起民族舞來，看得天祚帝眉開眼笑，樂不可支。等該輪到阿骨打跳舞時，他卻神情冷漠，兩眼直瞪着天祚帝冷冷地說：「我不會跳。」天祚帝一連請了三次，別的酋長在旁也一再勸他，但阿骨打仍然端坐在那兒一動也不動，不肯遵命。天祚帝討了個沒趣，頭魚宴不歡而散。

事後天祚帝氣得要殺阿骨打，一位大臣勸阻說：「他是個粗人，不懂禮貌，不值得與他計較。再說他即

使有野心，一個小小的部落也成不了氣候。」

就是這個小小部落的首領阿骨打，決心壯大力量，擺脫遼國的統治和奴役。他領導羣眾務農積穀，練兵馴馬，並聯合女真各部，於1114年發動抗遼戰爭，以二千五百名騎兵打敗了十萬遼軍，兵力發展到一萬人。公元1115年，阿骨打在**會寧**④正式稱帝，國號大金，他就是金太祖。

宋徽宗一直想收復被遼侵佔的幽雲十六州，現在聽到金軍大敗遼軍，便派人去和金太祖密談聯合攻遼。雙方訂立了一個軍事同盟，規定宋、金同時出兵夾攻遼，宋朝還要把每年進貢遼國的金銀絹綢轉交給金國。

由於多年來宋朝重文輕武，國勢積弱，軍隊腐敗不堪，一出兵與遼兵交鋒，就被打得落花流水，把王安石

小知識

①**北珠**：也叫東珠，產在遼東海中的罕有大珍珠，大如酸棗，晶瑩明亮，在冬天要鑿冰採集。

②**海東青**：一種名鷹，體形小巧玲瓏，飛行速度很快，善捕天鵝，是珍貴的狩獵工具，產於黑龍江下游及附近海島。

③**頭魚宴**：按當地風俗，每年春季最早捉到的魚，要先給祖先上供，並擺酒宴慶祝，叫「頭魚宴」。

④**會寧**：今黑龍江省阿城縣白城。

變法以來積蓄的所有軍需差不多全花完了。而金兵卻節節勝利，一直打到長城腳下，攻下了燕京。但是燕京幾州的百姓紛紛起來反對金軍的擄掠和壓迫，金太祖正感到難以應付，便順水推舟，應徽宗的要求把**燕京六州**①交還給北宋，乘機勒索宋朝每年要送給金國二十萬兩銀和三十萬匹絹，以及一百萬買「燕京代稅錢」。

通過這件事，暴露了北宋王朝外強中乾的紙老虎本質，也助長了金國的貪心。金太祖覬覦位於中原的這個瑰寶，恨不得一口吞下去。

公元1123年，金太祖病死，他的弟弟繼位，即金太宗。太宗於1125年春消滅了遼國的殘餘勢力，俘虜了天祚帝，遼國覆滅。

之後，金太宗就把侵略目標轉向了北宋。

同年十月，金軍分兩路攻打北宋。西路軍進攻太原，遭到當地軍民的反擊；東路軍先攻下燕京，然後長驅南下渡過黃河，直逼汴京。

各地告急文書像雪片一樣飛到北宋朝廷，金太宗又派出使者脅迫北宋割地稱臣。北宋絲毫沒有抵禦強敵的能力，徽宗又氣又急，有如熱鍋上的螞蟻。為了保命，他宣布退位，自稱「太上皇」，由兒子趙恆即位，

就是宋欽宗。徽宗寫下讓位的詔書後就逃到南方去避難了，把一個爛攤子留給了欽宗。

這時，滿朝文武大臣分為主張投降和主張抵抗的兩派。欽宗硬着頭皮坐上了龍座，見形勢危急，也想和主張投降的宰相白時中、李邦彥一起棄城逃跑，以李綱為首的少數愛國將領堅決主張守城抗戰，他當面責問欽宗：「太上皇傳位給皇上，正是希望陛下能留守京城，你怎麼能一走了之？」

欽宗自知理虧，一聲不吭。白時中輕蔑地說：「京城能守得住嗎？」

李綱胸有成竹，侃侃而談：「天下的城池，沒有比京城更堅固的。我已視察過了，這裏完全守得住，只要陛下激勵將士，團結民心，豈有不可守之理。」

欽宗問：「那麼，誰能帶兵守城呢？」

李綱說：「國家用高爵厚祿供養官員，就是為了危急時要大家出力。宰相白時中、李邦彥應負起這個責任。」

小知識

①**燕京六州**：指燕京（幽州）附近的涿州、易州、檀州、順州、景州、薊州，位於太行山以南一帶地區，大多在幽雲十六州的範圍內。

兩個宰相聽了，嚇得臉色發白，渾身發抖。白時中氣急敗壞地嚷道：「不知你能出戰嗎？」

　　李綱從容地回答：「如果陛下不嫌我能力差，我願以死來報答國家！」

　　宋欽宗就命令李綱負責全線防守。李綱只用了三天時間就布置好強大兵力和武器準備護城。金軍的幾十條火船順流而下攻城，李綱的二千名敢死隊在城下用**撓鈎**①鈎住敵船，然後埋伏在城牆上的士兵向下投擲大石塊，把火船擊沉。金軍用雲梯攻城，李綱就命令弓箭手射箭，同時派勇士潛到城下燒燬敵人的雲梯。如此金軍損失慘重。

　　金軍見汴京已有防範，一時攻不下來，就要宋朝派使臣去金營議和。其實那時宋朝軍民士氣旺盛，多次打敗了金軍，而且從各地趕來援救的宋軍也抵京城，共有二十多萬；而金軍只有六萬，糧草也不能持久。但是欽宗一伙投降派無視這種有利的形勢，為了保全皇位，寧願放棄抵抗，馬上派人去乞降，接受了割地賠款的屈辱條件，又罷免了李綱的職務。

　　朝廷的倒行逆施激起了百姓的憤怒。幾百名太學生由陳東帶頭，到皇宮門外請願，要求罷免奸臣李邦

彥，恢復李綱的職務。汴京的軍民趕來聲援，很快聚集了幾萬人，羣情激昂，正好此時李邦彥去上朝，被憤怒的羣眾扔石塊痛罵一頓。欽宗派宦官出來調解，當場被羣眾打死了十多名。人們還衝進朝堂，拼命敲打那裏的**登聞鼓**②，把鼓面也打破了。欽宗無法，只得宣布恢復李綱的職務。

金軍見形勢不利，不等宋朝交足賠款就匆忙撤退了。宋徽宗又回到汴京，以為從此太平無事，竟又重新過着靡爛腐朽的生活，毫不吸取教訓加強國防。李綱幾次勸他都無用，被迫離開了京城。

果然，不到半年光景，公元1126年八月，金太宗發動第二次南攻。金軍毫無阻攔地渡過了黃河，欽宗一心只想投降，不敢抵抗，把河北、河東地方割讓給金，以為這樣可以阻止敵人。金軍哪會罷手？兩路大軍團團圍住汴京，晝夜攻打。在這危急時刻，朝廷竟還聽信一個自稱通靈的騙子，讓他選擇黃道吉日施展法術來救

小知識

①**撓鈎**：一種工具，頂端是大鐵鈎，連接着長長的手柄。

②**登聞鼓**：有急事要向皇帝上奏時擊打的鼓。

駕，其荒唐昏庸真是到了極點！

金兵攻入汴京，在城內大肆搶掠，把金銀珠寶、古董文物、圖書典籍、樂器禮器等統統搬走，城內被洗劫一空。金人並俘虜了徽宗和欽宗，連同諸親王、后妃、王子王孫、皇親國戚共三千多人**衣袂**①相連押到金營。兩個皇帝被剝下御袍，換上了青衣小帽，分別被關在破爛簡陋的小屋裏，吃一些連豬食也不如的東西。不久後徽、欽二帝和親王妃嬪又被架上牛車，像罪

犯般押送燕京，過着奴隸一樣的生活。徽宗過不久就死去，欽宗被折磨了三十年才離開人世。

　　我們在下棋的時候都知道，只要「將」或「帥」被吃掉，這盤棋也就輸了。皇帝是一國之首，皇帝做了俘虜，這個國家也就完了。維持了一百六十八年的北宋王朝就這樣極不光彩地亡在金國手裏。這就是有名的「靖康之難」，因為它發生在欽宗的年號靖康二年。岳飛在《滿江紅》一詞中寫下的「靖康恥，猶未雪；臣子恨，何時滅？」正是道出了當時一切愛國志士的悲憤心情。

14. 撼山易，撼岳家軍難

　　你有沒有去過浙江省的杭州？在那美麗的西湖邊有一座岳王廟，一進殿堂你就可以見到一座高大威武的將軍彩色塑像，此坐像威嚴無比，眉宇間流露出一股凜然正氣，令人肅然起敬。這位將軍不是別人，正是北宋末年、南宋初年的抗金名將——岳飛。

　　岳飛是**相州湯陰**①人，家境清寒。他從小刻苦讀書，尤其愛讀兵法；並拜能人為師，學得一身好武藝。岳飛身強體壯，力氣很大，不到二十歲時就能拉開三百斤的大弓，能射一手好箭，左右開弓，百發百中。

　　岳飛年幼時父親就過世了，母親懂得民族大義，教育岳飛要忠於國家，為國效勞。北宋末年，金兵大舉進攻，岳飛正好二十歲，他毅然入伍參軍，保家衞國。

　　臨離家前，岳飛的母親要岳飛跪在香案前，脫去上衣，她用繡花針在岳飛背上一針一針地刺下了「**盡忠報國**②」四個大字。這四個字痛徹心肺地留在了岳飛的背上，母親的教誨也刻骨銘心地印在了岳飛的心上。

岳飛參軍後，在汴京當個小軍官。當時金兵常在黃河一帶滋擾，出沒不定。岳飛有次帶領一百名騎兵在黃河邊操練，忽見一大隊金兵騎馬奔來，兵士們嚇呆了，岳飛卻鎮定地說：「敵人雖多，但他們不知道我們的虛實，我們要趁他們還沒穩下來時，主動出擊！」

　　說着，岳飛帶頭騎馬飛馳上去迎敵，敵陣中出來一員大將，揮舞着大刀直撲岳飛。岳飛幾個來回就把金將斬了。兵士們受到岳飛的鼓舞也催馬上前一陣砍殺，把金軍殺得七零八落。

　　這樣，岳飛的勇敢出了名，調到抗金名將宗澤手下。他又參加過兩次對金兵的戰役，都建了功勳，使宗澤對他產生了興趣，想親自看看他究竟有什麼才能。

　　在演武場上，宗澤要求岳飛表演一下槍法。岳飛就舞起槍來，他槍法熟練，勢如排山倒海，龍騰虎躍，

小知識

①**相州湯陰**：今河南省湯陰縣。

②**盡忠報國**：盡心竭力，不惜犧牲一切報效國家之意。公元 1133 年岳飛鎮壓江西農民起義有功，宋高宗賜「精忠岳飛」錦旗予岳飛。後人因此曾誤傳岳母在岳飛背上刺的是「精忠報國」。

看得人氣都喘不過來。宗澤心中很是讚賞，在他表演後詳細詢問了他的家世，並對他說：「你的智勇，古代的大將也難比得上。但是，光靠衝鋒陷陣的野戰畢竟不是常勝的辦法。」他交給岳飛一份古代的作戰陣圖，要他回去好好研究研究。

岳飛接過陣圖，道謝後說：「按照陣圖作戰是兵法的常規，但是作為將領，還得在戰場上隨機應變，靈活運用。」宗澤聽後十分喜歡，心裏想：宋朝打金兵有希望了！

公元1127年，康王趙構在應天府即皇帝位，即是南宋第一代皇帝宋高宗。迫於輿論壓力，高宗不得不把李綱召回朝廷當宰相，但實際上他卻重用投降派奸臣。岳飛心中着急，提起筆來寫了一封數千字的奏章，希望高宗能親自率軍北伐，光復中原，解救徽、欽二帝。宋高宗並沒有抵抗金人的決心和勇氣，更何況他才做了幾天皇帝，徽宗欽宗一回來，他就當不成皇帝了，所以他根本不想北伐收回國土。他讀了岳飛的奏章後大怒，以岳飛「小臣越職，妄言國事」的罪名，撤了他的官職。

岳飛就去河北投靠張所，張所當時正在招募軍士，準備與金人大戰一場。他極看重岳飛，派他擔任中

軍統領。這段日子內，岳飛渡過黃河，收復新鄉，在太行山的戰鬥中他生擒金將拓拔耶烏，又曾單槍匹馬刺殺黑風大王，從此威震金軍，金軍士兵在背地裏稱他為「岳爺」。

抗金老將宗澤壯志未酬，七十歲時得急病去世。杜充接替他作東京留守，這是個昏庸無能的傢伙，金兵大舉進攻，他就逃到建康；金兵追到建康，杜充就投降了金軍。

當時宋軍各部士氣低落，張所部隊有些人也想去降金。在此關鍵時刻，岳飛登高振臂大呼：「弟兄們，除非你們把我殺了，我是絕不會去投敵的！現在正是為朝廷出力、收復失土的時刻，讓我們共患難，同生死，團結起來共同抗敵！」

眾人高呼：「對！我們聽你的，一起幹吧！」

歷史上名垂千古的岳家軍就這樣成立了。

當時，金軍大將兀朮（粵音迄術）的大軍南下打到浙江定海，正要開往杭州，岳飛率領岳家軍在廣德境內狙擊金兵，六戰六勝，並俘虜了金軍大將王權。金兀朮被迫北撤時，岳飛又配合大將韓世忠，打得兀朮丟盔卸甲，倉皇逃過長江。岳飛的功績，令到宋高宗也不得

不對他另眼相看。

岳家軍的紀律十分嚴明。有一次他們駐紮在一個村落，糧食吃完了，但是岳飛有令不許騷擾民家，兵士們就寧願挨餓，也不去違反紀律。一次，有個兵士用百姓家的一束麻來縛柴草，岳飛發現後立刻按軍法嚴辦。岳家軍經過民村，夜晚都露宿在路旁，百姓請他們進屋過夜，兵士們都不進去。部隊所到之處秋毫無犯，他們的口號是：「凍死不拆屋，餓死不擄掠。」老百姓深受感動，常常自動用酒肉慰勞岳家軍，送稻草給他們鋪着睡，主動為他們帶路和運送給養，並隨時報告敵情。

岳飛平時十分注重練兵。部隊休整的時候，他常常親自披上鐵甲帶領將士認真操練，要求像打仗時一樣嚴格。一次，他的義子岳雲在騎馬衝山坡時，因為戰馬失足而摔倒在地。岳飛就狠狠責打了岳雲。將士們見到主將對自己義子都這麼嚴格，就格外認真操練了。

岳飛對將士要求十分嚴格，同時又很關心他們。兵士生病，岳飛常常親自調藥；將士出征，他派妻子去慰問軍屬；將士不幸陣亡，岳飛就撫育他們的子女。上級賞給他的財物，他一概分送給將士，家裏絲毫不留。

岳飛對自己的要求也是十分嚴格的。他三十二歲

時，已經從一普通將領提升到節度使的地位，與當時的幾位名將並駕齊驅了。但是他在軍中堅持與兵士同甘共苦，一起紮營，同桌吃飯，毫不特殊。宋高宗曾經造了一所住宅送給岳飛，岳飛推辭了，他説：「敵人還沒有消滅，哪能顧得上家呢？」有人問他天下什麼時候才能太平？岳飛回答説：「文官不貪財，武將不怕死，天下才有太平的希望。」

岳飛不僅英勇善戰，又很能用計謀，往往能出奇制勝。岳家軍深受人民愛戴，越來越壯大，成為抗擊金兵的主要力量。

公元1140年五月，金軍背棄了兩國簽訂的和約，再次南侵。這次金兀朮當統帥，分四路進攻。宋高宗下詔要岳飛出兵抵抗。岳飛作了周密的布置：一方面派多名部將分路出兵，另方面他自己和義子岳雲帶兵坐鎮**郾城**①，準備抗擊金兵主力。

過了幾天，各路人馬紛紛告捷，收復了河南大片土地。兀朮決定集中力量進攻郾城，與岳家軍決一死戰。

小知識
①**郾城**：郾，粵音演。在河南省今之郾城。當年郾城之戰是金國主力軍與岳家軍之間的決戰之一。

這次金兀朮出動了手中的王牌——三千多名「**鐵浮圖①**」和一萬五千多匹「**拐子馬②**」，吹噓可憑此直逼長江。鎮守郾城的岳家軍不多，大家看到金兀朮王牌軍氣勢洶洶的樣子，不免有些害怕。岳飛看清了「鐵浮圖」和「拐子馬」的弱點，想出了對付的辦法：一批手持鈎鐮槍的兵士專門對付「鐵浮圖」，先用鈎子把敵人的鐵盔勾下來，然後用彎鐮割掉他的腦袋。又出動了一批刀斧手，把刀斧綁在長桿上，打仗時不騎馬，專砍敵人的馬腿，一匹馬受傷後就會帶動其餘兩匹一起倒下，這時刀斧手就砍殺騎兵。岳雲手揮兩個八十斤重的鐵錘在陣間左右砍殺，手到之處，敵人應聲倒下。金兀朮損失了幾萬人馬。

郾城大捷，岳家軍威震四方。金軍將士都說：「撼山易，撼岳家軍難。」

小知識

①**鐵浮圖**：也叫鐵塔兵，浮圖的意思是塔。這些兵士身材高大，武藝強，箭法精，頭戴鐵盔，身穿兩層鐵甲，刀槍不入，像鐵塔一樣。

②**拐子馬**：北宋時左右翼騎兵的名稱。指作戰時從兩翼包抄的善戰的精銳騎兵，好像是鐵塔兵的一副強而有力的拐子。

15. 油條的由來

你一定很愛吃那一根根脆卜卜香噴噴的油條，你可知道它的來歷？在這美味可口的小吃的名稱背後，卻有着一段悲壯慘烈的歷史呢！

我們又把油條稱為「油炸鬼」，其實最早是叫「油炸檜」，「檜」是指害死了民族英雄岳飛的奸臣秦檜，百姓氣憤得要把他下油鍋煎炸，來一解心頭之恨！

話說金將兀朮南征失敗後，就改變策略，暫時不再用武力進攻，而決定用議和的方式，想通過談判獲得戰場上得不到的東西。

為了達到議和的目的，他們就要在南宋朝廷裏扶植投降派，以便裏應外合，實現議和，他們所選用的人，就是南宋宰相秦檜。

秦檜本是北宋的大臣，能書善寫，是個才子。靖康之變時，他和妻子王氏一起隨同徽、欽二帝被金兵俘虜到金都燕京。品格低下的秦檜馬上就變節，對金太宗逢迎拍馬，千依百順。金太宗見他既聽話又有才幹，便派他到大將撻賴手下當軍事參謀，金軍南侵時，他曾出了不少壞主意。金朝統治者認為秦檜在金三年表現良

好，對金忠誠，便決定把他全家放回宋朝，作為內奸配合金軍的行動。

秦檜回國後求見當時的宰相范宗尹，編造了一套謊話，說自己是殺死了監視他的金兵後逃出來的。范宗尹不明真相，把他推薦給宋高宗。秦檜摸準了高宗只求偏安、不想抗金的心理，大談應該和金國議和休戰的策略，正中高宗下懷。高宗大喜，以為秦檜是和金談判的最佳橋樑，馬上任命他為**禮部尚書**①，三個月後升為參知政事。秦檜有了權便設計排擠范宗尹，半年後他自己當上了宰相兼**知樞密院事**②，掌握了軍政大權。

秦檜當了宰相後，先是招降納叛，拼湊了以他為核心的一個投降派集團。然後拋出他的理論：「如欲天下無事，**南自南，北自北**③。」秦檜並草擬了向金求和的國書，由高宗派人送到金國去求和。他的投降言行遭到很多人反對，岳飛就上奏章提醒高宗說：「金人不可信，和好不可恃。」又指責秦檜說：「宰相沒有好好為國家謀利益，恐怕將來會被後世人譏笑。」這些話刺中秦檜的要害，使他十分惱怒，成為以後他害死岳飛的主要原因。

金將兀朮毀約南侵，在郾城被岳飛打敗後，派密

使送信給秦檜說：「你說要和我們議和，但是岳飛正從河南向河北進軍，這是為什麼？你們真的想議和，就必須殺掉岳飛！」秦檜本來就恨岳飛，接到兀朮的信後就決意要除去岳飛這根眼中釘。

　　郾城大捷後，岳家軍勢如破竹，在朱仙鎮又把金軍打得落花流水，收復了黃河以南的地區。金軍中的部分漢將也都紛紛率領部隊來投奔岳飛。岳飛制定了一個出兵計劃送呈高宗，表示要直搗**黃龍府**④，收拾舊山河，一雪靖康之恥。當時宋軍的形勢十分有利，勝利在望。

　　可是，朝廷接到岳飛的奏章後大為恐慌，高宗是生怕欽宗一回來，他自己的皇帝寶座就保不住了；秦檜更是擔心金朝一敗，他自己在南宋就站不住腳。所以秦檜就慫恿高宗發出命令，要岳飛從前線撤兵。

小知識

①**禮部尚書**：禮部的長官，掌禮儀、祭享、貢舉等職。

②**知樞密院事**：掌握軍事大權的官。

③**南自南，北自北**：意即南宋只統治江南的土地，北部中原地區讓金人統治。

④**黃龍府**：指金人的老巢，現在吉林省農安縣。

岳飛正準備進軍汴京，接到高宗的撤兵命令莫名其妙，立即上奏說：金兵士氣盡失，我軍士氣高漲，勝利就在眼前，機會不能錯過。他請求高宗取消撤兵命令。

秦檜見岳飛不服從命令，就想了一條毒計：先命令張俊、韓世忠等其他大將的人馬從前線撤兵，然後上奏高宗說岳飛已成孤軍，不可久留。然後在紹興十年（即公元1140年）七月二十一日，一天之內要高宗一連發出十二道緊急**金牌**①，叫岳飛撤軍。

岳飛在前線等待高宗進軍的詔令，沒想到接到的卻是朝廷催促退兵的緊急金牌。從早到晚，快馬一匹接着一匹，十二個時辰裏共接到十二道金牌。岳飛知道已沒希望改變高宗的決定了，悲憤得淚流滿面，嗟歎惋惜，痛心無比。他說：「我十年來的努力，一天內全給毀了！」

岳飛要從朱仙鎮撤兵的消息一傳出去，百姓們紛紛來到岳家軍轅門外，哭着哀求岳飛千萬不要走。岳飛

只得拿出高宗的詔書來給大家看，説明聖命難違，不得不走。臨了，岳飛決定暫緩五天撤兵，讓願意隨他們的百姓一起走。結果幾乎家家戶戶都隨軍南遷，在襄漢一帶定居了下來。

岳飛回朝後，秦檜先是解除了他的兵權，任命他為樞密副使。後來金朝一再催促秦檜要除掉岳飛，他就一步步向岳飛下毒手了。

秦檜先唆使同黨万俟卨（粵音陌其舌）向朝廷上了一道奏章，攻擊岳飛驕傲自大及捏造了一些罪名。岳飛見秦檜要和他過不去，馬上辭去樞密副使的職務，返回廬山守着母親的陵墓，不問世事。

小知識

①金牌：是木牌上寫着金字，傳遞皇帝緊急命令的一個憑證，用快馬傳送，違者即是叛逆。

可是秦檜還不放過他。秦檜勾結了一直妒恨岳飛的張俊，唆使岳家軍部將王貴及王俊兩人，誣告説部將張憲想發動兵變，幫助岳飛奪回軍權，還捏造説岳飛的義子岳雲曾寫信給張憲秘密策劃這件事。他們先分別抓來了張憲和岳雲，嚴刑拷打逼供。兩人都寧死不肯屈服，被打得遍體鱗傷，投在監獄內。

秦檜又把岳飛抓來逼供，岳飛心襟坦白，毫無畏懼，他在供紙上只寫下八個大字：「**天日昭昭**①，天日昭昭」；又脱下袍服，露出背上深刺的「盡忠報國」四個大字，説：「岳飛赤膽忠心，無負國家，天地共察，張憲岳雲無罪，你們不要陷害忠良啊！」他正氣凜然，嚇得辦案的官員都不敢再審下去。

這個案件拖了兩個月，審訊毫無結果。很多官員知道這是齣奸臣誣害忠良的醜劇，但懾於秦檜的淫威，不敢站出來説話。有些官員和百姓大膽上奏替岳飛伸冤，結果都遭到鎮壓。

老將韓世忠忍不住去責問秦檜到底有什麼證據説岳飛謀反，秦檜蠻橫地説證據雖然沒有，但這件事是莫須有。韓世忠聽後憤憤地説：「**莫須有**②三個字，怎能服天下人心？」

秦檜的妻子王氏是個狠毒陰險的女人，她見秦檜猶疑不決，便對他說：「放虎容易擒虎難啊，你怎麼還不決斷？」秦檜就下了狠心，馬上寫了張紙條派人送到獄裏。當晚，紹興十一年十二月二十九日，年僅三十九歲的岳飛就被害死在大理寺獄中，岳雲、張憲也同時被殺。

一個獄卒很同情岳飛，偷偷把岳飛的屍首背出城埋葬了。高宗死後，孝宗為岳飛平反，追復他原官，以禮改葬在杭州西湖邊棲霞嶺上，後來還建了岳廟。在岳飛墓前，有生鐵澆鑄的秦檜、王氏、万俟卨和張俊四個奸人赤身反縛的跪像。人們在瞻仰岳飛墓之後，往往對這四個跪像拳打腳踢，同聲唾罵，以發洩對賣國奸賊的痛恨。

人們永遠懷念忠孝兼有、智勇雙全的民族英雄——岳飛。

小知識
①天日昭昭：意為「老天明白」。
②莫須有：是「也許有」的意思。

16. 書生采石磯退敵

　　自古以來，上前線殺敵都是武將的事。但是在南宋卻有過一位書生，曾率領軍士叱咤風雲，擊敗強敵，打了漂亮的一仗。下面請看這個有趣的故事。

　　秦檜為金朝除掉抗金主力岳飛後，南宋與金訂立了和約，割地賠款。之後雙方大約有二十年沒發生戰爭。宋高宗與他那一批投降派大臣對此感到很滿意，在**臨安**①修築宮殿，苟安偷生，忘了亡國之痛。

　　這時，金國內部發生政變。金熙宗被殺，他的堂兄弟海陵王即位，是金國的第四個皇帝。海陵王很仰慕漢族文化。他先叫人在燕京修築新城都，1153年遷都燕京；還強迫一批女真族人也遷移到河北河南一帶去，與漢族一起居住，學習漢族的先進文化。之後，他打算向南發展，消滅南宋，做中國的大皇帝。

　　不久，海陵王出動四十萬大軍，兵分四路進攻南宋。出發前，他趾高氣揚地對將領們說：「以前兀朮進攻宋朝，花了多少時間沒能成功。我這次出征，多則百天，少則一個月，定能掃平南方！」

　　此時，駐守淮河北岸的老將劉錡正在生病，派副

帥王權去淮西防守。誰知王權是個貪生怕死的傢伙，聽到金兵南下，嚇得魂飛魄散，還沒見到金兵蹤影就聞風而逃，逃過長江，來到**采石**②才停了下來。

宋高宗聽到王權兵敗，丟失了淮河以南大片土地，就撤了他的職，另派李顯忠去。同時派宰相葉義問去視察江淮守軍。葉義問也是個膽小鬼，不敢上前線，他另派**中書舍人**③虞允文去慰勞采石的宋軍將士。

虞允文是進士出身的書生，是個堅定的抗戰派，他很早就建議高宗整頓沿海軍備，警惕金軍來犯，可惜高宗不聽。他來到采石，這時王權走了，接替他的李顯忠還沒到。只見宋軍官兵三三兩兩坐在道旁，垂頭喪氣，丟甲棄盔，毫無作戰的準備。虞允文問他們：「金人快渡江了，你們坐在這裏等什麼？」

兵士們見是一個文官，沒好氣地說：「將軍們都跑了，我們還打什麼仗？」虞允文見部隊如此渙散，非

小知識

①**臨安**：南宋國都，現是浙江省杭州市轄的臨安區，位於杭州市西部。

②**采石**：在今安徽省當塗縣，也叫采石磯，磯是水邊突出的岩石或石灘。

③**中書舍人**：文官名，任起草詔書之職，以有文學資望者擔任。

常吃驚。他不能等李顯忠來了再幹，就立刻召集將士，對他們說：「我是奉命來勞軍的，現在形勢危急，只要大家肯出力保衛疆土，為國立功，我一定報告朝廷，論功行賞。」將士們其實都有一顆愛國的心，見有人出頭作主，便也振作起來，願意一戰。

隨行的官員勸虞允文說：「你是來勞軍的，沒有督師抗戰的職責，何必背起這個爛包袱呢？」

虞允文大聲叱責道：「現在國勢危急，我怎麼能逃避保衛國家的責任呢？」

虞允文從來沒有指揮過戰爭，但他毅然挑起重任，着手整編部隊，布置防務。他親自帶兵到江邊視察形勢，見江北岸的金軍修築了一座高台，台兩邊掛着兩面繡花大旗，中間張着**黃羅傘**①，身披黃金甲的海陵王坐在傘下，虎視眈眈地窺測着南岸的動靜。聽探子說，昨天金軍宰了黑馬白馬各一匹祭天，海陵王當眾宣誓渡江南征，還規定先渡江的軍士每人獎黃金一兩。

南宋守軍只有一萬八千人，金兵多好幾倍，雙方力量相當懸殊。但是虞允文胸有成竹，把船隊分為五組，最精銳的一組停在江中，兩組停泊在東西兩岸，另兩組隱蔽在岸邊小港裏作後備隊。

江北的海陵王發起了進攻。一陣戰鼓聲後幾百艘敵船排山倒海般衝了過來。駐在江中央的宋軍船隊用的是一種**海鰍船**②，兵士見敵船衝來，便踏動車輪，船隻快速如飛，在敵船中橫衝直撞。金兵的船是拆了民房用舊木料造的平底船，速度慢也不堅固，沒多久就被宋軍的海鰍船撞沉了大部分，金兵一半掉在江裏淹死，一半急急逃命。首批衝上岸的金兵則被早就埋伏在兩岸的宋軍一陣攻殺，損失了大半。

　　正在此時，有一隊宋軍從河南撤退下來，來到采石。虞允文馬上給他們旗鼓，讓他們搖旗擊鼓從後山轉到江邊，金兵以為宋軍有大批援兵來到，嚇得紛紛逃跑。海陵王見軍隊慘敗，暴跳如雷，把逃回來的士兵統統殺死。這一仗，金軍損失了七、八千人，有七個大將被殺。

　　虞允文知道海陵王不會甘心，連夜把船隊分成兩組，一組開到上游，一組留在渡口。第二天，果然海陵

小知識

①**黃羅傘**：用黃緞製的傘形遮蔽物，也叫華蓋，是帝王權力的象徵。

②**海鰍船**：倣照腳踏車製造的一種機器輪船，用人力踩輪子，以輪子打水，比槳櫓快捷。

王又指揮三百多艘戰船渡江進攻，虞允文指揮兩隊海船夾攻，把三百多敵船圍困在江心，放一把火全燒了。

這時，主將李顯忠才帶兵到達，對虞允文指揮戰鬥的情況十分欽佩。虞允文估計海陵王在這兒吃了敗仗後會到鎮江去渡江，就叫李顯忠守在這兒，他親自帶一支人馬去鎮江。

鎮江的守將劉錡病重躺在牀上，他緊握虞允文的手說：「國家養兵三十年，沒有立過一點戰功。想不到今天是您這位書生立了大功，我們當將軍的實在太慚愧了！」

金兵打了幾次敗仗，軍心渙散，有位大將勸海陵王暫緩進攻。海陵王非但不聽，嚴懲了這位大將，並下令說三天內一定要渡江，有畏縮不前的一律處死。金軍將士覺得進退都是死路一條，就發動叛變，用亂箭射死了海陵王。首領一死，金兵撤退，金宋議和，戰爭停了下來。

　　從采石磯一役可見，只要有一顆愛國的心，只要有殺敵保國的勇氣，哪怕是一介書生，都可以指揮戰鬥，以寡禦眾，出奇制勝，打一場漂亮仗！

17. 辛棄疾二捉叛徒

　　我們都知道辛棄疾的名字，他是南宋有名的詩人，他的名句「少年不識愁滋味……為賦新詞強說愁」；「眾裏尋他千百度，驀然回首。那人卻在，燈火闌珊處」等都是膾炙人口的。但是你知道嗎？辛棄疾在成為詩人之前，首先是位堅定抗金的愛國志士呢！在他的戎馬生活中，二次活捉叛徒的故事更是為人津津樂道，欽佩萬分。

　　辛棄疾是山東歷城人。他出生時，北宋已經滅亡十三年了，家鄉也淪入金人之手。少年的辛棄疾父母早亡，他跟着爺爺辛贊生活。辛贊曾擔任地方**守令**①，不得已在淪陷區做官，內心十分懷念故國。所以他常常給孫子講北宋滅亡的慘痛歷史，岳飛等愛國將領的抗金故事；並帶辛棄疾登上高山，眺望祖國大好河山。這一切，在少年辛棄疾心中植下了愛國愛民的思想和抗敵衛國的志向。

　　辛棄疾也曾讀了不少書，文才出眾。他曾被推薦到燕京去參加金朝的進士考試，名列榜首。主考官很賞識他，想給他官位好好提拔他。但辛棄疾參加考試只是

為了測試自己的學識程度，不願在金朝當官。

海陵王率領大軍南侵那一年，淪陷區的百姓乘金朝後方空虛，紛紛起來組成起義軍，其中勢力最大的是山東農民領袖耿京的抗金軍。二十一歲的辛棄疾看準機會，也組織了一支兩千多人的起義隊伍，投奔耿京。耿京見辛棄疾文武雙全，就委任他為「**掌書記②**」。

辛棄疾有個朋友叫義端，本是個和尚，因為金軍搶走了他的財寶，就率領一千多人在濟南起義。他很懂得兵法，辛棄疾就去說服他帶領部隊參加耿京的起義軍。但是義端不甘心服從別人的領導，曾幾次因延誤軍機而受罰，竟漸漸產生了背叛的念頭。

一天黃昏，義端偷偷溜進辛棄疾的營帳，偷了他保管的起義軍大印，騎上快馬向金軍營地馳去，企圖以此作為見面禮投降金軍。

辛棄疾發現了此事後馬上報告了耿京。耿京認為辛棄疾引進了奸細，氣得馬上要把他按軍法處死。

小知識
①**守令**：指太守、刺史、縣令等地方官。
②**掌書記**：掌管全軍文書的工作，負責管理大印、信符和處理重要文告信件。

辛棄疾也十分惱怒義端的所作所為，他向耿京請求說：「給我三天時間，我一定把叛賊捉回來治罪，到時你再重罰我。」

耿京同意了。辛棄疾立刻躍身上馬，快馬加鞭向金營趕去。趕了一段路，果然追上了義端。他大吼一聲：「禿賊莫逃！」

義端知道辛棄疾武藝高強，自己不是他的對手，便下馬跪地求饒。辛棄疾哪裏肯聽，把劍一揮，叛賊的人頭落地。

三天期限未到，辛棄疾已提着義端的腦袋回來，還奪回了大印。耿京因此沒辦他的罪，還更器重他了。

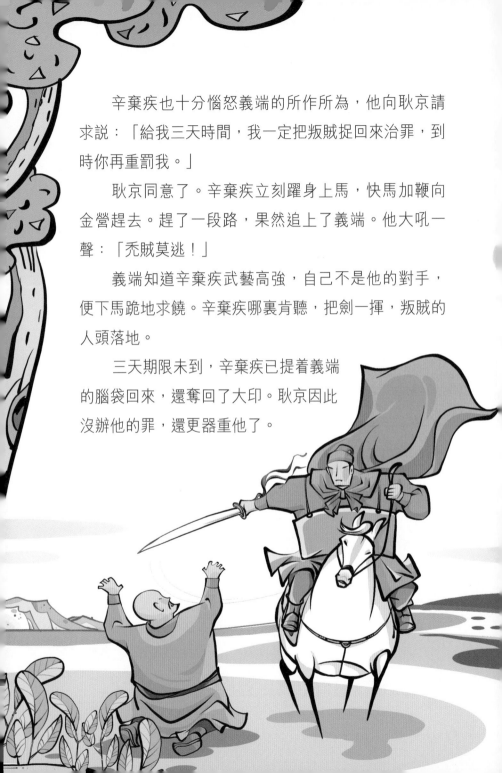

第二年采石大戰後，金軍被迫北撤。自立為帝的金世宗一面與南宋議和，一面對北方的起義軍採用招撫和鎮壓的兩面政策，企圖瓦解他們。辛棄疾向耿京建議說：「我們要和朝廷取得聯繫，南北呼應夾攻敵人；萬一我們在這兒呆不住，也可把人馬拉到南方去。」

　　耿京就派義軍總提領賈瑞和辛棄疾到建康去見高宗。高宗聽說山東起義軍派人來歸附，很是高興，當天就召見了他們，聽取了北方起義軍抗金情況的報告，立刻任命耿京為節度使，對賈瑞、辛棄疾也封了官。

　　他倆完成了任務，正高高興興地離開建康回去，不料在途中得到一個不幸的消息：在他們離開義軍的那段時間，義軍的一個將領張安國暗殺了耿京，投奔金軍，被封為濟州的州官。義軍失去了首領，大多散伙走了。辛棄疾一聽，捶胸頓足，大罵叛徒，萬分氣憤。他下決心要除掉叛賊，為耿京報仇。

　　辛棄疾帶了五十名勇士，連夜騎馬直奔濟州金營。張安國正在開慶功宴，你一杯我一杯地喝個不亦樂乎。聽說辛棄疾來了，張安國有些心虛，但一時也弄不清他的來意，便吩咐手下讓他進來。

　　辛棄疾一見到張安國，二話不說，一手舉劍一手

把他緊緊抓住。同去的勇士們七手八腳把張安國捆綁起來，拉上馬帶走了。辛棄疾把叛徒張安國帶到建康，朝廷下令把張安國砍頭示眾。辛棄疾又一次以過人的勇猛、矯健的身手嚴懲了倒行逆施的叛賊！

　　後來，南宋朝廷一直把辛棄疾留在南方做官。辛棄疾來自淪陷區，滿腔熱血，一心想抗金收回國土，眼見高宗在臨安過着紙醉金迷的生活，十分悲憤。他不顧自己職位低微，寫了《九議》、《十論》等關於抗金的建議獻給朝廷，不被採納，反被朝廷內投降派排擠。他曾自己成立了一支湖南飛虎軍，軍紀嚴格，訓練有素，在剿平地方土匪的戰役中發揮了很大作用。但是朝廷擔心地方軍的力量過大不便控制，便把他調到江西。

　　四十二歲那年，辛棄疾被迫退休。他北伐中原的願望未能實現，便用詩詞來抒發心中感情。他一生寫下了六百多首詩詞，詩中充滿愛國的熱情和抗金必勝的信念，也表現出雄心壯志沒法實現的沉重憂鬱心情。六十八歲時他得重病死去，臨終時還大喊：殺賊！殺賊！

　　一位馳騁疆場、一心抗敵的英雄，卻被迫隱居，報國無門，以致鬱鬱死去，這正是時代的悲劇啊！

18. 愛國詩人陸游

宋孝宗剛即位的時候，決心改變對金屈辱求和的政策，他主張抗擊金軍，收復中原，就任用了老臣張浚做樞密使，主持北伐。

張浚在出兵北伐前，決定由朝廷發布一份詔書，號召中原人民奮起抗戰，配合宋軍北上收復失地。這份重要的詔書就是由**樞密院**①裏一位有才華的文官陸游起草的。

提起陸游的名字，我們都熟悉他是南宋有名的愛國詩人。陸游和辛棄疾同為詩人，兩人也是好朋友。但辛棄疾本身是一位騎馬殺敵的武將，而陸游卻是位執筆著文的文官。兩人卻都具有澎湃的愛國熱情和統一祖國的迫切願望，也都是因為朝廷內投降派的阻撓排擠以致報國無門，壯志未酬。

陸游的仕途也是十分坎坷不平的。

陸游是浙江**山陰**②人。他的愛國情操主要是受了父

小知識

①**樞密院**：中國古代中央官署名稱，主要管理軍事機密、邊防等，為最高國務機關。

②**山陰**：今浙江省紹興市。

親的影響。他父親本是朝廷內的一名官員，後來因為一件小事被當時操縱朝廷的秦檜及其一夥爪牙們懲罰。他父親眼見這些陰險的奸臣為了私利出賣民族和國家利益，打擊陷害忠良，痛心萬分，常常帶着陸游到一些朋友家去議論政事。他們越談越激昂，越説越氣憤，但對改變現狀卻無能為力，往往大家抱頭痛哭。

　　年幼的陸游把這一切看在眼裏、記在心裏，小小心靈中開始滋長愛國家愛民族、反對外來侵略的思想。

　　他父親對政局感到灰心，就把希望放在陸游身上，用全副心思教他讀書寫字。小陸游很喜歡讀書，一卷在手，往往讀得廢寢忘食，十分入迷，是個十足的書呆子，所以得了個綽號叫「書癡」。

　　由於勤奮學習，陸游寫得一手好文章。二十九歲那年他去臨安參加考試，主考官閱了他的試卷，大喜過望，把他取為第一名。

　　秦檜的孫子秦塤也參加了這次考試。考前秦檜就暗示考官，應該讓他愛孫得第一。誰知考官秉公辦事，不賣秦檜的賬，氣得秦檜差點把主考官殺了。

　　到了第二年，陸游又到臨安去參加禮部考試，主考官發現陸游的文才，又想把他列為第一名。但這次秦

檜蠻橫地干涉，硬說什麼陸游的文章裏有抗金的字句，應該除名，還要查辦。陸游只好逃回老家山陰。秦檜把自己的子姪親戚取錄了一大堆，並且從此對陸游懷恨在心，不讓他到朝廷工作。

陸游在山陰鄉下過着耕種的生活。後來孝宗即位，賞識陸游的才華，召他到臨安擔任樞密院的**編修官**①。

陸游一方面感激孝宗對自己的重用，另方面出於愛國之心，見孝宗有北伐之意，就全力以赴，幾次上諫指出孝宗做得不夠的地方，直率地提出自己的看法，要皇上奮發圖強等等。結果得罪和觸怒了孝宗，被貶到鎮州當**通判**②。

抗金鬥爭失敗，投降派又在朝廷裏佔了上風，連宋孝宗都動搖了。堅決抗金的將領張浚被罷免了職務，陸游因為支持張浚也被免了官，只好又回到老家山陰居住。

小知識
①**編修官**：古代史官名，宋朝設立，負責編撰記述國史、實錄、各種規章制度及其變動。
②**通判**：設在每個州府的官名，地位略次於州府長官。

陸游這一生，前前後後被五次罷官，可是他報效國家的心意始終不變。在任時，他關心國情民情，到處視察，了解百姓疾苦，認真為百姓做些好事；對上總是直言相勸，希望朝廷能振奮起來領導百姓抵禦金軍收復國土。沒有官職時，他就在家種地，過着清貧的田園生活；還刻苦練習劍術，學習《孫子兵法》，希望有一天能出征報效國家。甚至在夜裏他也常夢見收復國土的情景，醒來後知是夢境，對着枕頭長歎不已。

　　因為沒有報國的機會，陸游就一頭栽入書堆之中，恢復了幼時讀書的傻勁，常常典當了衣物家具買來各種書籍，通宵達旦地讀。到後來，他的家裏桌上、牀上、地上，前前後後都堆滿了書，他把自己的書房稱為「書巢」。

　　陸游因為心情鬱悶，常常借酒澆愁，並出外泛舟、散步、採花、賞月、騎牛、吹笛，他披頭散髮，衣冠不整，不拘小節，一些官場上的人看不慣他，說他思想頹廢，不講禮法。陸游聽了一笑置之，索性給自己起了個別號叫「放翁」，後來人們就叫他陸放翁。

　　陸游一生最大的成就是在詩詞的創作。他的詩是走到哪裏寫到哪裏，借詩歌唱田園生活的古樸美妙，他

的這些田園詩清新樸素，琅琅上口；他也借詩抒發對祖國的熱愛和對民族的憂慮。他一生辛勤創作，一共留下了九千多首詩，是歷代詩人中作品最多的。這些詩風格多樣，或豪放或恬淡，基本上分為田園詩和愛國詩兩大類。

公元1210年，八十六歲的陸游得了大病，躺在牀上。直到臨終，他一直念念不忘統一國家的大業，掙扎着寫下了最後一首有名的詩《示兒》：

死去原知萬事空，但悲不見九州①同。

王師北定中原日，家祭毋忘告乃翁！

意思是說，在他死前唯一感到悲哀的事是南宋還沒有統一中國，希望有一天南宋軍隊收復中原，到那時兒子在祭祀的時候別忘了要告訴他這個好消息，讓他在九泉之下也高興高興。

這首充滿愛國激情的動人詩篇，為後代千千萬萬人所傳誦。

小知識

①**九州**：傳說中中國上古時代的行政區劃分，一般認為是禹治水後把中原分為九州，後泛指全中國。

19. 一代天驕成吉思汗

　　金朝在采石大敗之後，朝廷政變，發生內鬨，國勢漸漸衰落下來。正在此時，北方的**蒙古族**①趁機強大起來，建立了蒙古汗國。

　　統一蒙古各部落的首領是鐵木真，也即歷史上赫赫有名的英雄人物成吉思汗。他的一生歷盡艱險，坎坷曲折，十分富傳奇性呢。

　　公元十二世紀時，蒙古人分為大大小小幾百個部落，他們同受着金朝的壓迫，但部落之間又不斷爭鬥。其中勢力最大的一個部落叫乞顏。1162年的一天，乞顏部落的酋長也速該率軍征伐鄰近部落塔塔兒，大獲全勝。他興沖沖回到駐地，聽到一陣響亮的嬰兒啼哭聲，原來他妻子生下了一個白白胖胖的男孩。也速該非常高興，便為兒子取名為鐵木真，意思是「精鋼」。

　　鐵木真九歲那年，也速該領他到朋友家相親。訂婚後按照習俗，男孩要留在未來岳父家住幾天以示誠意，也速該便動身回家。半路上他又飢又渴，正好見到草原上有一羣部落人在舉行宴會，他就坐下來大吃一頓，誰知道是塔塔兒部落的人，有人認出了他，就在食

物中下了毒。也速該回到部落後不久就死了。

　　也速該一死，乞顏部落的勢力就衰弱下來，原來歸附他們的各個部落紛紛離去，還帶走很多奴隸和牲畜。鐵木真的母親帶着幾個孩子只能靠挖野菜、採果子、捕魚打獵度日，生活十分困苦。

　　敵對部落擔心鐵木真長大後為父報仇，便追殺鐵木真，企圖斬草除根。年幼的鐵木真為了躲避敵人，曾在河邊密林中躲了九天九夜，沒吃沒喝，最後還是被抓住了。鐵木真被套上**木枷**②帶到各營去示眾。半夜裏，他趁敵人在舉行宴會，悄悄磨斷了綑綁他的繩索，帶着木枷打倒了看守人逃了出來。他跳進河裏，只露鼻孔在水面上呼吸，躲過了敵人，逃出虎口。

　　跟着，鐵木真和母親及弟妹們躲進深山老林，靠捉土撥鼠當飯吃，艱難度日。

小知識

①**蒙古族**：唐代生活在黑龍江上游漠北草原上的一支
　　　　　遊牧民族，曾建元朝，現為中國少數民族之
　　　　　一，分布在內蒙古、吉林、黑龍江、遼寧、
　　　　　寧夏、新疆、甘肅、青海、河北、河南。
②**木枷**：舊時套在罪犯脖子上的刑具，用木板製成。

在動亂中長大的鐵木真磨練得堅強勇敢，他了解窮苦牧民的苦難，依靠他們的幫助把失散的部落百姓召回來，在部落間的戰鬥中打了幾次勝仗，聲名大振，力量一點點大了起來。

鐵木真為人正直，善於用人，處事公正合理；與部下同甘共苦，打仗時總是不顧個人安危，衝在最前面，所以他很受百姓和部下的愛戴，一些部落都紛紛來投靠他。

不久，塔塔兒部落企圖反抗金朝，金派大將攻打塔塔兒。為報父仇，鐵木真出兵協助金兵打敗了塔塔兒部，金朝封他**百夫長**①的官職。

以後幾年，鐵木真先後打敗了東面和西面的一些部落，統一了蒙古部落。東起興安嶺，西至阿爾泰山，整個大漠草原都統一在鐵木真的旗下。

公元1206年，蒙古汗國宣告成立，鐵木真被推舉為全蒙古的大汗，尊稱成吉思汗。蒙古語中「成吉思」是大海的意思，「汗」是北方民族對最高統治者的尊稱，相當於「君主」、「皇帝」。成吉思汗即為擁有四海的汗，至高無上的皇帝。

建立了國家以後，成吉思汗制訂了軍事和政治制

度，創立了蒙古文字，把分散的各蒙古部落統一起來，按十進位方式編組，易於管理。從此，蒙古形成一個統一的民族。

金朝還一直把蒙古當作自己的屬地，要他們每年進貢，甚至殘酷殺害蒙族俘虜。成吉思汗再也不願受此屈辱，當金章宗逝世，衞王顏永濟即位後，派使者到蒙古下詔書，要成吉思汗下拜接受。成吉思汗聽說新皇是衞王後，輕蔑地吐了口唾沫說：「如此一個庸才，怎能配做皇帝！」他立即與金斷交，精選三千名騎兵南下攻金，幾年之內蒙古軍隊先後攻佔了河北、山西、山東、遼西、遼東的九十餘州，掠走很多財物、人口和牲畜，直逼燕京。嚇得金朝廷一方面對蒙古大獻金銀財寶，另方面慌慌張張遷都到汴京。

與此同時，雄心勃勃的成吉思汗與他的子孫們發動了三次西征（他本人只參與了第一次），首先消滅了

小知識

①**百夫長**：古代軍職，統領一個百戶所的長官。

西邊的**花剌子模**①，然後殺過裏海、高加索地區，一直打到北歐、東歐、西歐，還到了奧地利、希臘半島、地中海。蒙古軍能吃苦耐勞，又善於騎馬射箭，戰鬥中還用上了從金兵手中繳獲的火砲。蒙軍所到之處，無人可以抵禦。

　　成吉思汗於公元1227年六十六歲時病逝。他和子孫們在四十年內建立的大蒙古帝國橫跨歐亞，空前絕後。在此期間，中國與歐亞各國之間文化、經濟、技術

也得到了交流。雖然歷史上對成吉思汗的評價頗有爭議，但總體來看，成吉思汗不失為一位傑出的政治家和軍事家，是蒙古族偉大的民族英雄。

小知識

①花剌子模：當時中亞最大帝國，由回教徒建立，也稱回回國，即今日之伊朗。

成吉思汗在歷史上是一位很了不起的人物，但是人們對他的評價好像很不同，究竟應該怎樣看待他呢？

七、八百年以來，對成吉思汗的爭議不斷，人們從各個不同角度研究和探討他，對他的評價是兩個極端，一是認為他是一位傑出的政治家、軍事家、具有組織才能的偉大領袖；另一看法是認為他是一名凶惡殘暴的侵略者、破壞者，是野心勃勃的征服者。

首先，成吉思汗的確野心勃勃，他打敗了其他部落，統一了蒙古部落，建立了蒙古汗國。之後就伐金滅宋，其實當時中國已是亡國。然後成吉思汗和他的兒子發動三次西征，橫跨歐亞兩洲，強悍的蒙古士兵所到之處燒殺搶奪，毀滅了很多城市。1990 年以前的蒙古人民共和國受蘇聯影響，禁止宣傳和頌揚他，並稱他是侵略者、恐怖分子。直至 1990 年蒙古國擺脫蘇聯影響後，才開始重塑成吉思汗形象，認為他是民族英雄，成為蒙古人民的驕傲。

很多正面的評價認為：成吉思汗是一位雄才大略、公正謙和、聰明的軍事統帥和政治領袖。他使用了很少兵力（12 至 20 萬），在短時間內（1207-1227 年的 20 年）便攻克了歐亞大部分土地，以高度的指揮才能征服了多國，建立了舉

世無雙的蒙古帝國，統治着近六億人口。他幾乎聯合了全亞洲，開闢了歐亞通道，促進了多地的經濟、文化、貿易交流及來往。有人說是他打通了世界各國的關係，建立了國與國之間的聯繫。他的宗教政策很開明和包容，並不強迫被征服者改信蒙古人的宗教，而是宣布信教自由，允許各教派存在，因此伊斯蘭教得以向東發展，奠定了伊斯蘭民族在中國的基礎。他亦善於用人，善於組織管理，制定了切實可行的法律典籍、規章制度，能用公正態度和高度智慧駕馭他那龐大的帝國，維持了大半個世界的和平與秩序，這是亙古未有的。

至於蒙古軍隊在佔領地造成的破壞，是同時代其他侵略軍常見的做法。但他的殺戮不是種族仇恨的表現，與現代社會中的種族屠殺不能相提並論。曾有統計說，蒙古人所征服的城市很少有超過十分之一的人口傷亡，對降敵也不像那個時代通常採取的施以酷刑。他們並不是靠殘忍的行為製造恐怖，而是要快速有效的征服。準確地說，成吉思汗是城市的毀滅者，而不是屠殺者。而蒙古人堅強不拔、勇猛敏捷的戰鬥精神和作風，以及成吉思汗高超的指揮藝術、運籌帷幄的戰略戰術，使這支部隊橫掃千軍萬馬，勢如破竹，無數次打敗數量上佔優勢的對手。在六十多次戰鬥中除了一次是主動撤退外，無一失敗，是名副其實的「戰神」。有學者稱頌說：成吉思汗是後人難以比肩的戰爭奇才，他逢敵必戰、戰必勝，把人類的軍事天賦發揮到了極點。所以說，成吉思汗是對世界歷史影響極大的一位傑出人物，這是公認的事實。

20. 正氣凜然的文天祥

「人生自古誰無死，留取丹心照汗青！」這兩句擲地有聲的錚錚詩句你一定很熟悉，它出自南宋民族英雄文天祥之手，而且還是他被敵人捉住逼降時，冒着生命危險寫下的呢！

上面說到成吉思汗在第一次西征後得病死去，臨終前他定下了繼承人是三兒子窩闊台，並留下遺言，要他們聯宋滅金。之後，窩闊台做了大汗，遵照成吉思汗的遺囑，先向南宋借路，包圍汴京；金哀宗逃到蔡州，蒙古又聯合南宋圍攻蔡州，哀宗自殺。公元1234年，歷時一百二十年的金朝在蒙宋兩軍夾攻下滅亡。

蒙古人的野心當然不止於滅金，最終是要奪取整個中國。公元1258年，蒙古帝國在進行第三次西征的同時，由大汗蒙哥及他弟弟忽必烈率軍攻打南宋。蒙哥在戰鬥中負傷死去，忽必烈急忙收兵回去，繼承了汗位，並於1271年遷都**燕京**①，建國號為元，他就是元朝的開國皇帝元世祖。

忽必烈在鞏固了自己的統治地位之後，便又派大軍南下，準備消滅南宋。五年圍城戰後，元軍攻下南宋

門戶襄樊。這時宋度宗病死，年僅四歲的小皇帝恭宗即位。元朝乘機由左丞相伯顏率領二十萬大軍，攻打南宋首都臨安。

兵臨城下，太后急忙下詔，命令各地起兵到京城「**勤王**②」，但是只有文天祥和張世傑兩人立刻應召前來。

文天祥當時是贛州（贛，粵音禁）的州官，他是個狀元出身的文人。接到詔書後他馬上變賣了家產，招募了一萬民兵，星夜趕往臨安。有朋友勸他説：「元兵壓境，你用新招募的人馬去抵抗，好比是趕着羊羣去鬥猛虎，不是白白送死嗎？」文天祥回答説：「國家有難，我不能坐視不救，只好以身殉國。但願天下忠士都能聞風而起，大宋國家也許有救。」

這時，南宋朝廷正在與元軍議和。元相伯顏要南宋丞相親自去談判，丞相陳宜中怕見元人，連夜逃走。

小知識

①**燕京**：即今之北京。元朝建都於此，後改稱大都。
②**勤王**：君主的統治地位受到內亂外患的威脅而動搖時，臣子用兵力援救，為王朝盡力，就叫勤王。

太后只得任命文天祥為右丞相，派他去元營議和。文天祥到了元營堅持要元軍退軍後在平等的基礎上談判，不肯屈服，結果被扣押下來。公元1276年三月，伯顏攻下臨安，俘虜了太后和恭宗，南宋名存實亡。

文天祥被押送去大都，半路上他乘看守不備逃了出來。聽說大臣陸秀夫、張世傑已把恭宗的兩個哥哥護送到福州，擁立九歲的趙昰（粵音是）做皇帝，建立了小朝廷，文天祥就趕去與他們會合。

文天祥在新朝廷裏擔任樞密使。他整頓軍隊收復了浙江，又經廣東出兵江西，與當地抗元隊伍聯合共同打擊元軍，收復了很多城鎮。

元朝決心盡快消滅南方的小朝廷，就派出金兵加強攻勢。文天祥帶兵在廣東潮陽阻擊元軍時，由於叛徒張弘範的出賣而不幸被俘。

張弘範勸文天祥投降，被文天祥痛斥一頓。張又叫人拿來筆墨，要文天祥寫信給張世傑招降。文天祥冷笑說：「我自己不能救父母，難道還會勸別人背叛父母嗎？」當時正好押送他的船經過零丁洋，面對浩翰的海面文天祥悲憤萬分，提起筆來寫下了《過零丁洋》這首著名的詩篇表明自己視死如歸、決不投降的決心。

張弘範就強攻**厓山**①。張世傑、陸秀夫率軍英勇抵抗，相持很久，終於敵不過元軍四面圍攻，陸秀夫被元軍逼到海邊，無路可逃，背着小皇帝跳海自盡；張世傑和太妃坐的船被颱風打沉，共有十萬名宋軍一起淹死在海裏。時為1279年，立國三百多年的宋朝就此滅亡。

　　張弘範又來勸文天祥投降：「現在宋朝已亡，你已盡了責任，只要你歸順大元皇上，仍可當宰相！」

　　文天祥含淚答道：「國家亡了，我做臣子的死有餘辜，怎能苟且偷生呢？」

　　元朝見文天祥不肯投降，只好把他押到大都去關在一間沒有窗戶、陰暗潮濕的土牢裏折磨他。忽必烈也曾親自來向他勸降，文天祥回答説：「一死之外，別無他求！」惡劣的環境只能摧殘他的身體，不能摧毀他的意志，他在牢中寫下了千古傳誦的五言詩《**正氣歌**②》明志。

小知識

①**厓山**：今廣東新會南海中的一個小島，地勢險要。

②《**正氣歌**》：文天祥在獄中所寫五言長詩，詩中歌頌了春秋戰國以來忠君愛國、具民族氣節的義士，表明自己反抗元朝、寧死不屈的決心。

四年後，公元1283年正月，忽必烈下令殺害文天祥。就義前文天祥神色從容，向正南方拜了幾拜說：「我的事做完了！」四十七歲的文天祥雖然壯烈犧牲，他那浩然正氣和愛國主義精神永留人們心中。

《過零丁洋》

南宋民族英雄文天祥留下的兩首名詩傳誦千古。五言詩《正氣歌》比較長，內容豐富較深奧，留待同學們日後研讀。這裏我們把另一首比較容易的《過零丁洋》介紹給大家：

辛苦遭逢起一經，干戈寥落四周星。
山河破碎風飄絮，身世浮沉雨打萍。
惶恐灘頭説惶恐，零丁洋裏歎零丁。
人生自古誰無死，留取丹心照汗青。

這是公元 1279 年一月文天祥被關押在戰船中經過零丁洋（今廣東中山南的珠江口），元軍逼他寫信招降愛國大臣張世傑時他提筆寫下的。詩的前兩句簡述了自己的身世和當官的辛苦遭遇，之後兩句寫國家的命運已危在旦夕，個人更如一片在風雨中飄搖的浮萍；惶恐灘在今江西省萬安縣，文天祥兵敗後曾經這裏退走，這兩句寫他的孤軍無援，導致被俘過零丁洋，表露出對國破家亡的痛心與自責。

最後兩句悲壯激昂，氣勢磅礴，道出了作者寧死不屈的愛國忠心，表現出他崇高的民族氣節——為國犧牲，留下一片紅心在史冊上（紙張未發明之前，記事用竹簡，必須先在火上烤去竹簡的水分，稱汗青）。這一曲千古不朽的人生讚歌值得同學背誦，記住這位偉大的愛國英雄。

21. 月餅的故事

　　一年一度的八月十五中秋佳節是漢民族一個重要的傳統節日，大家都知道中秋的應節食品是月餅。當你一邊嚼着圓圓甜甜的月餅，一邊賞月時，你可曾想過為什麼中秋節要吃月餅？

　　原來這小小的圓餅還與漢族人反抗元朝的鬥爭有關呢！這事，還得先從元朝的統治説起。

　　忽必烈滅了南宋，統一全中國之後，面臨着一個如何治理國家的問題。古人説：「馬上得天下，豈可馬上治天下。」意思是説，奪取政權是要靠武力，但得到天下之後不能再靠騎在馬上打打殺殺，而是要下馬來，拿出一套辦法治國。但蒙古人擅長騎馬打仗、彎弓射箭，對治國一事卻是個門外漢。忽必烈即位初期，為了統一大業順利進行，曾重用漢儒。漢人盡心辦事，幫他治理得還不錯。但是當忽必烈滅宋以後，天下全在他掌握之下，他就疏遠漢臣，重用蒙族人，開始實行民族歧視和壓迫政策。

　　元朝把全國人分為四個等級，蒙古族為第一等，

也稱國人；第二等是**色目人**①，在北方曾受遼金統治的契丹、女真、高麗和漢族統稱為漢人，是第三等；最低下的第四等叫南人，指剛被征服的江南漢人，又賤稱為蠻子。中央和地方的高官，必須由蒙古人或色目人擔任，漢人最多只能任副職。法律規定漢人或南人殺死蒙古人，會受到滅族處分；蒙古人殺死南人只要罰一頭驢子的錢。其次，蒙人把所有漢人分為十等，即官、吏、僧、道、醫、工、獵、民、儒、丐。他們認為讀書人既沒有特殊技能，又不會從事生產，地位只配比乞丐好一些。看到元朝如此欺侮讀書人，你一定也十分氣憤吧！

為了防範漢人造反，元朝把每二十戶百姓編為一個甲，派蒙古人當甲主，負責監視全甲居民。並規定漢人和南人不得打造和私藏武器，連一根鐵棒也不許收藏，甚至連切菜刀也是五家合用一把。漢人不許打獵，不得聚集在一起，夜間不准出門，晚上不准點燈。

漢人痛恨蒙族的壓迫，私下把他們叫**韃子**②。

小知識

①**色目人**：元代統治者對西域、中亞各族和西夏人的總稱。

②**韃子**：古時漢族對北方各遊牧民族統稱「韃靼」或「韃子」，帶有蔑視的意思。

傳説有一處的蒙族甲主異常凶悍，把「甲」裏的漢人當作自家的奴隸，隨便取走他們的錢財物品，也隨意支使他們幹這幹那。百姓們都恨不得剝他的皮、吃他的肉。

　　可是甲主和他的手下嚴密監視着百姓，他們既不能聚會，也不能隨便傳遞消息或約定時間。怎麼辦呢？後來有個人想出了一個聯絡大家的方法：他向甲主申請，允許百姓在家烘製一種圓圓的甜餅分送大家，以便在每年月亮最圓的八月十五那天為皇帝祈福。甲主想，這不是一件壞事，便批准了。

中秋節那天，漢人家裏都分到了圓圓的甜餅，當他們咬開餅子，見**餅餡**①裏藏着一張小紙條，上面寫着：「中秋夜，殺韃子」。於是在那天晚上大家一齊動手，用棍棒作武器打死了作惡多端的蒙族甲主。為了紀念這一天，以後人們在每年中秋節都吃月餅，傳説這就是月餅的由來。

除此以外，元朝對百姓的盤剝也是十分厲害的。忽必烈當上大汗後，戰爭一直沒有停過，先是出兵打敗他的弟弟，後來又去平定叛亂，不久又進攻南宋。滅了南宋後元朝又忙於對付南方各族人民的起義，成了元世祖的忽必烈為了顯示威力，又發動了侵略日本、朝鮮等亞洲各國的戰爭。如何應付龐大的軍事開支呢？

元世祖重用幾個大臣為他搜刮錢財。他們增加百姓税收，禁止私鹽買賣，大量印製鈔票，搞得物價飛漲，百姓負擔加重，苦不堪言。

公元1351年，黃河流域的韓山童利用**白蓮教**②作掩護，秘密組織武裝起義的力量，他死後，徒弟劉福通發動起義，以紅巾包頭，稱北方紅巾軍。在南方長江流域，則有彭瑩玉、徐壽輝領導的南方紅巾軍響應；淮河流域有郭子興和朱元璋為首的紅巾軍。不包頭不信教的

起義中影響較大的有李二為首的治理黃河的民伕起義，淮河流域以鹽販張士誠、方國珍為首的起義等等，這些起義先後被元朝鎮壓或收降，但卻動搖了元朝的統治基礎，這個龐大的帝國開始搖搖欲墜了。

小知識

①**餅餡**：古時的月餅是以麵粉作餅皮，裏面包裹着糖、豆沙製成的甜物，這填充物叫餡。

②**白蓮教**：原是佛教的一個支派，宣傳彌勒佛出世可以帶來美好的生活，所以很多貧苦人民信教，元明清時流行。

中秋節吃月餅的傳說

月餅是我們中秋節必不可少的應節食品，但是關於吃月餅的起源卻有很多不同的說法，上文提及的只是其中之一。

其實月餅最早在三千多年前的江蘇、浙江一帶出現，人們懷念殷周的忠臣聞仲（帝乙王的老臣子，受托照顧紂王），就做了一種用麪皮包着糖漿餡的圓餅，叫「太師餅」，這是月餅的始祖。漢代張騫出使西域，回來時帶來了芝麻、胡桃、花生的種子，人們把這些也加入餅餡中，製成了芝麻餅、花生餅和以胡桃仁為餡的「胡餅」，這是月餅的改良版。

古代帝王會在春天祭日、秋天祭月，北京的「月壇」就是明嘉靖年間為帝王祭月修造的。民間也在八月十五拜月或祭月，月餅是用來拜祭月神的祭品，也被稱作宮餅、胡餅、小餅、月團、團圓餅等。後來中秋賞月和品嘗月餅成為家人團聚的節日活動，月餅也就成了節日前互相贈送的禮品。

唐高祖年間，大將軍李靖帶兵，平定突厥的侵犯，正好在八月十五那天凱旋歸來。有一位來長安經商的吐蕃商人向高祖獻上一盒圓餅，高祖打開餅盒取出圓圓的餅，對着明月笑着說應該請月亮一同品嘗這胡餅，自此八月十五那天民間

就有吃這種胡餅的習慣。到了玄宗時，有一年吃餅時楊貴妃覺得胡餅的名字不好聽，她眼望月亮隨口說出「月餅」，從此月餅就定了名，中秋節吃月餅的習俗也就流傳下來。

有一說吃月餅是從宋朝開始，在當時的京都東京（今河南開封），人們在中秋夜登高祭月慶祝豐收，月餅是主要的祭品。蘇東坡有詩句形容：「小餅如嚼月，中有酥和飴。」

明代書中有明確的記載說「八月十五謂之中秋，民間以月餅相遺，取團圓之義。」傳說是元末朱元璋（或是他的軍師劉伯溫）利用家家戶戶互送月餅的習俗，在餅餡裏包上紙條通知大家同時起義，才消滅了元朝。這個故事與我們書中的說法相仿。

到了清朝，月餅的製作越來越精緻，關於月餅的記載也更多了。清代詩人袁景瀾寫了一首長詩《詠月餅詩》，詳細描述了月餅的製作、親友間互贈月餅和中秋夜的合家歡聚。

到了今天，月餅的品種繁多，有京式、蘇式、廣式、潮式等不同風味的。八月十五日在秋季的中間，古代曆法稱為「仲秋」，十五的圓圓明月象徵着團圓，所以中秋節也叫仲秋節、團圓節，成為了中國重要的傳統節日。人們在那天闔家團聚，吃餅賞月，盡享天倫之樂。

22. 威尼斯來客馬可孛羅

我們都知道在十五世紀末期，意大利水手哥倫布坐船橫渡大西洋，到達西印度羣島，發現了美洲新大陸，當時他還以為是到了亞洲呢。哥倫布為何會進行這次海上航行？因為當時他讀了一本叫《馬可孛羅遊記》的書，對美麗的東方和富庶的中國十分嚮往，決意東渡探險。那麼，馬可孛羅是誰呢？他在遊記裏寫了些什麼呢？

馬可孛羅也是意大利人，他出生在威尼斯一個商人家庭裏。當時是十三世紀中葉，忽必烈建立的元朝包括了中國本土和**四個汗國**①，是世界上最強大富裕的國家。加上元朝以京師大都城為中心修起了一個**驛站網**②，使東西方的交通暢通無阻，大都成了一座世界著名的國際城市，很多外國人來這裏做生意，熱鬧非凡。

馬可孛羅的父親和叔父孛羅兄弟於公元1260年帶了些珠寶到欽察汗國去販賣，回國途中偶然遇到了元朝外派的使者，邀請他們一起去中國。

那時忽必烈剛任大汗不久，勤學好問，對新鮮事物很感興趣。孛羅兄弟見忽必烈對歐洲十分陌生，便把歐洲各國和羅馬教廷的情況作了詳細的介紹。忽必烈聽

了很滿意，説道：「我任命你倆作我的使臣，去竭見羅馬教皇，請教皇派一百名傳教士來中國，他們必須具備七藝。另外，你們經過耶路撒冷時，順便到耶穌的墓上取一些長明燈的聖油回來。」

忽必烈還交給他們一塊金牌，憑着它能順利通過旅途各地，並可取得馬匹和食物。三年後孛羅兄弟回到老家威尼斯。這時馬可孛羅已經是個十五歲的少年了，他的母親已病逝，他就央求父親把他也帶到中國去。

那時老教皇剛去世，過了兩年才選出新教皇。新教皇很高興地接見了他們，決定派兩名很有學問的傳教士跟他們去中國。可惜走到半路這兩個傳教士聽説前面在打仗，就嚇得回羅馬去了。

孛羅兄弟倆帶着十七歲的馬可穿過伊朗高原，步

小知識

①**四個汗國**：即原屬蒙古汗國內的欽察汗國、察合台汗國、窩闊台汗國、伊兒汗國。

②**驛站網**：以京師大都為中心，修築一個聯絡全國主要城市的交通網。在主要的交通幹線——驛道上，每二十五里設一驛站，每三里有一小舖，全國共有大小驛站一萬多處，站內備有馬匹，並供食宿，傳遞公文的信差或商旅人士只要攜帶皇帝頒發的璽書或金牌作證明，就可在驛站住宿歇息。

上了世界屋頂帕米爾高原。步行了十二天，終於離開了冰天雪地，進入中國境內。他們休息了一個月，準備了充足的水和乾糧後才進入羅布泊大沙漠。那是一段極為艱辛的旅程，沙漠一望無際，沒有樹木沒有飛鳥，再加上烈日當空，使人又累又渴，疲乏不堪。他們總共用了三年半時間，才於1275年到達**上都**①。

那時元世祖忽必烈正在上都避暑，他在一座用大理石砌成的皇宮裏接見了孛羅家三人。宮殿裏到處貼着金光閃閃的葉片，牆壁和柱子上雕有各種花紋，屋頂上還刻有一條金龍。大殿中央的高壇上擺放着一把用黃金和象牙裝飾的龍椅，英姿勃勃的元世祖端坐在上面，兩旁文武百官肅立。這豪華、莊嚴的氣派是年青的馬可孛羅從未見過的，他緊張得氣也透不過來，跟着父親和叔父向元世祖下跪。

「起來吧，你們一路辛苦了！」世祖說。

孛羅兄弟向世祖呈上教皇的信和禮物以及耶穌基上的油燈，並彙報了沿途的經歷。元世祖很高興，立即封他們三人為榮譽侍從，留在宮中。

小知識

①**上都**：元朝的一座都城，今內蒙古自治區多倫縣西北。

聰明的馬可孛羅很快就學會了蒙語和漢語，也熟悉了當地的風俗習慣，加上他辦事細心、認真，所以深得元世祖的喜愛。世祖常把他帶在身邊，還派他去各地巡視和出使外國。

馬可孛羅和他父親、叔父在中國整整生活了十七年，很想回老家去看看。正好元朝公主下嫁伊利汗國，元世祖就讓他們從海路護送公主過去，並要他們探親後再回中國。1292年初，他們三人帶着十四艘大船，兩年吃用的糧食物品，從福建泉州出發，一直航行了兩年又兩個月才抵達伊利汗國。他們把公主送到大汗那裏後又繼續向意大利進發，1295年才回到老家。

回國後，馬可孛羅因為參加了與熱內亞人的海戰而被俘入獄。在獄中他口述在東方的見聞，由一個作家筆錄下來，寫成轟動一時的《馬可孛羅遊記》，被稱為世界一大奇書。書中描寫東方如何富庶繁華，是西方人聞所未聞的。曾有人在馬可孛羅臨終時問他書中哪些是吹牛，他回答說：「我還沒有說出自己所見所聞的一半哩！」

這本遊記激起西方人對東方文明的興趣，紛紛夢想東遊。馬可孛羅是促進古代東西方文化交流的一大功臣呢！

23. 四大發明

　　宋朝雖然國力羸弱，對外的戰爭常吃敗仗，表現得十分窩囊，可是當時的科學技術卻很發達，湧現了很多著名的科學家，有許多重要的發明，對中國及世界的文明作出了重要的貢獻。活字印刷的發明家畢昇就是其中一個。

　　早在唐朝時，人們就發明了**雕板印刷**①，這種方法雖然比手工抄寫進步很多，但仍費時費工，很不方便，因為一頁書就要刻一塊木板，印完一部書後這些雕板就沒用了。那時有人雕印一部《大藏經》竟用了十三萬塊木板，花了整整十二年的時間。

　　北宋初是雕板印刷發展的全盛時期。畢昇是位熟練的雕板工匠，有一次他雕錯了一個字，按慣例這塊雕

小知識

①**雕板印刷**：中國最早的印刷術，把書稿寫在半透明紙上，反過來貼在梨木或棗木等堅實的木板上，雕刻出凸起的反字，也叫「陽文」，這塊底板就叫雕板或刻板；然後把墨塗在線條上，鋪上紙用刷子輕拭，就可得到白底黑字的印刷品。

板就沒用了，要重新來過。畢昇覺得這樣很可惜，能不能只把這個錯字改一下呢？於是他把雕板上的錯字挖掉，另用一小塊木頭雕了正確的字，用熔化了的松香把它補在板上，效果很好。這啟發了他把固定的雕板字統統改為活字。經過反覆的實踐試驗，他終於發明了用質地細、黏性強的膠泥製成一個個活字，排列在鐵板上來印書，這是印刷史上一次重大的革命，製造活字、排版、印刷這三步驟是現代印刷的基礎。到了元朝，又有人發明了能轉動的排字輪盤，後來又改用銅、錫、鉛來製活字。印刷技術越來越進步了。

　　畢昇的這項重要發明，還多虧北宋的一位科學家**沈括**①在他的《夢溪筆談》一書中詳細地記錄了下來，才得以流傳。沈括在書中還記錄了自己使用指南針的多次實驗方法，成為研究我國古代指南針的珍貴資料。

　　宋朝的商業很發達，很多商人往往坐着大船到國外去做生意，用中國的金銀絲綢瓷器換取香料、藥材、象牙等貨品。外國人感到很驚奇：為什麼中國商船可以航行很遠而不會迷失方向？

　　原來中國商船是靠一根小小的針來指引方向的。

其實早在戰國時期，人們就已知道利用天然磁鐵礦磨成針來指南，在打仗的時候確定方位。到了宋朝，指南針不斷得到改善，廣泛運用在航海上，有懸線式的和浮水式的指南針，還有指南龜、指南魚等。南宋時把磁針和分辨方位的裝置組合成**羅盤**②，用來為船隻導航。沈括在自己的實驗中還發現指南針所指的方向不是正南，而是略微偏東，這是世界上最早發現磁偏角的記錄，比哥倫布的發現早了四百多年。

　　宋朝還有一個重要的科學成就，那就是火藥的應用。每逢過年過節或是喜慶盛事，人們都喜歡燃放炮竹或煙火來慶賀，這炮竹和煙火的主要原料就是火藥。

小知識

①**沈括**：北宋科學家、政治家，對天文和數學特別有研究，創造新曆法，以節氣定月份。所著《夢溪筆談》有三十卷，是一部涉及範圍很廣的科學著作。

②**羅盤**：指示方位的儀器，是一圓形的盤，中間是一根可以水平轉動的磁針，四周是刻有二十四個方向的方位盤，靜止時磁針大致指向南北方向。

中國古代的方士們在尋求長生不老藥的煉丹過程中，逐步認識到若是點燃硝石、硫磺和木炭的混合物，就會發生異常激烈的燃燒，也即爆炸。到了唐代，人們正式研究成並記錄下這混合物中三種成份的比例，也就是發明了**火藥**①。

火藥開始在戰爭中派上用場。以前人們打仗時近距離用刀槍，遠距離用弓箭，後來使用一種**拋石機**②和**火箭**③。火藥發明以後，人們想到這種會燃燒和爆炸的混合粉如用在戰場上，一定可以阻嚇敵人。宋朝時，用火藥製造的武器已經相當多了，拋石機拋出的不再是石頭，而是火藥了，「砲」變成了「炮」；火箭變成了火藥箭，又發明了**火球**④和**火蒺藜**⑤。南宋時，燃燒性武器發展成爆炸性武器，出現了霹靂火球、霹靂砲，最後又發明了管狀火器，有火槍、突火槍、火統等。當時的汴京設有專門製造火器的兵工廠，旺時多達四萬工人呢！

火藥、指南針、活字印刷，再加上東漢蔡倫發明的造紙術，被稱為中國古代的四大發明。它們由中國傳到其他亞洲各國和歐洲，加速了各地文化發展的進程。中國古人對世界文明所作的偉大貢獻，是永遠值得我

們炎黃子孫引以自豪的。中國的文化發展源遠流長，中國古人聰明勤勞，以其發明創造貢獻於人類，造福於萬世，中國真是個名副其實的文明古國啊！

小知識

①**火藥**：因為製成火藥的硫磺和硝石在古代是作藥用的，與木炭混合後能點燃起火，所以稱作火藥。

②**拋石機**：也叫發石機、砲車。使用木製機械的力量把大石塊或大石球拋出去，打擊較遠的敵人，是最早的砲。「砲」即「拋」的意思，拋的是石頭，所以用石字偏旁。

③**火箭**：一種火攻武器，在通常用的箭矢一端綁一麻布包，裏面有油脂、松香等易燃物，藉助弓弩放出着火的箭來燒傷敵人。因它燃燒不快、火力有限，易被敵人撲滅，所以作用不大。

④**火球**：即火藥包，裝有引線，點着後拋向敵方。

⑤**火蒺藜**：也是火藥包，裏面除了裝有火藥外，還有一些帶刺的鐵蒺藜，爆炸後可以增加殺傷力。

北宋	
公元960年（宋建隆元年）	陳橋兵變，趙匡胤稱帝，廢後周，建立北宋。
公元961年（宋建隆二年）	趙匡胤奪石守信等人兵權。
公元976年（宋太平興國元年）	太宗（趙匡義）即位
公元979年 （宋太平興國四年）	北宋滅北漢，中國統一。宋遼戰，宋敗。
公元983年 （宋太平興國八年）	遼改國號為契丹，蕭太后攝政。
公元993年（宋淳化四年）	王小波、李順在四川青城起義。
公元997年（宋至道三年）	西夏李繼遷向宋投降。宋分全國為十五道。
公元1004年（宋景德元年）	遼（契丹）侵宋，次年訂立澶淵之盟。
公元1022年（宋乾興元年）	仁宗即位。
公元1038年（宋寶元元年）	李元昊建立大夏，史稱西夏。
公元1040年（宋康定元年）	西夏攻西北，范仲淹、韓琦抵抗。

公元1043年（宋慶曆三年）	范仲淹提出十大改革措施，推行新政。
公元1041至1048年（宋慶曆元年至八年）	畢昇發明活字印刷術。
公元1044年（宋慶曆四年）	宋、西夏議和，宋承認李元昊為夏國王。
公元1053年（宋皇祐五年）	契丹與西夏議和。
公元1067年（宋治平四年）	神宗即位。
公元1069年（宋熙寧二年）	王安石任宰相，實行變法。
公元1070年（宋熙寧三年）	行保甲法、募役法。
公元1071年（宋熙寧四年）	行市易法、保馬法、方田均稅法。
公元1075年（宋熙寧八年）	宋割河東予遼。
公元1076年（宋熙寧九年）	罷免王安石。
公元1085年（宋元豐八年）	哲宗即位。司馬光為相，廢新法。
公元1093年（宋元祐八年）	哲宗親政，新法黨恢復勢力。
公元1100年（宋元符三年）	徽宗即位，新法黨人章惇罷官。
公元1102年（宋崇寧元年）	蔡京為宰相，迫害舊黨。
公元1115年（宋政和五年、金收國元年）	女真族首領阿骨打稱帝，建立金朝。
公元1119年（宋宣和元年）	宋江起義。

公元1120年（宋宣和二年）	徽宗在江南搜刮奇花異石，方臘起義，次年敗死。
公元1121年（宋宣和三年）	方臘敗死。
公元1122年（宋宣和四年）	金佔遼的燕京。
公元1123年（宋宣和五年）	金割幽雲十六州中的六州予宋。
公元1124年（宋宣和六年）	西夏向金投降。
公元1125年（宋宣和七年）	金聯宋滅遼，後大舉侵宋。
公元1127年（宋靖康二年）	金攻陷汴京，俘徽、欽二帝，史稱靖康之難。
南宋	
公元1127年（宋靖康二年、宋建炎元年）	欽宗弟趙構在商丘即位，即高宗。北宋結束，南宋開始。
公元1129年（宋建炎三年）	金兵攻陷南京（商丘），南宋遷至臨安。
公元1130年（宋建炎四年）	金立劉豫為齊帝。湖南均產之亂。
公元1131年（宋紹興元年）	秦檜為南宋宰相。
公元1134年（宋紹興四年）	南宋大敗金兵。
公元1138年（宋紹興八年）	宋、金議和。
公元1140年（宋紹興十年）	岳飛、吳玠等破金軍。
公元1141年（宋紹興十一年）	宋金訂立「紹興和議」。秦檜殺害岳飛。

公元1153年 （宋紹興二十三年）	金遷都到燕京，改稱中都。
公元1161年 （宋紹興三十一年）	虞允文在采石大破金兵。
公元1188年 （宋淳熙十五年）	鐵木真為大汗。
公元1205年（宋開禧元年）	鐵木真侵西夏。
公元1206年（宋開禧二年）	鐵木真統一蒙古各部，建立奴隸制國家，稱成吉思汗。
公元1209年（宋嘉定二年）	蒙古征服西夏、畏兀兒。
公元1211年（宋嘉定四年）	蒙古滅西遼。
公元1212年（宋嘉定五年）	劉二祖、楊安兒領導的紅襖軍在山東起義。
公元1217年（宋嘉定十年）	宋、金交戰。
公元1219年 （宋嘉定十二年）	成吉思汗西征。
公元1227年（宋寶慶三年）	蒙古滅西夏。成吉思汗病逝。
公元1229年（宋紹定二年）	蒙窩闊台即位，次年攻陝西。
公元1234年（宋端平元年）	南宋與蒙古聯合滅金。次年蒙古分三路攻宋。
公元1237年（宋嘉熙元年）	蒙古侵歐洲。
公元1260年（宋景定元年）	忽必烈即位，即太祖。

元朝	
公元1271年（宋咸淳七年、元至元八年）	忽必烈改國號為元，定都燕京。
公元1274年（宋咸淳十年）	元軍侵宋。
公元1275年（宋德祐元年）	文天祥舉兵。馬可孛羅到大都。
公元1276年（宋景炎元年）	元軍伯顏攻陷臨安，俘恭帝。
公元1279年（宋祥興二年、元至元十六年）	厓山之戰，宋敗。元滅南宋，完成中國之大統一。
公元1283年（元至元十九年）	文天祥就義。
公元1351年（元至正十一年）	白蓮教首領韓山童被殺，信徒劉福通領導紅巾軍在潁川起義。李二佔徐州，徐壽輝稱帝。
公元1352年（元至正十二年）	郭子興起兵濠州，朱元璋從之。
公元1355年（元至正十五年）	劉福通尊韓林兒為帝，號小明王，以亳州為都城，建立農民政權，國號宋。郭子興死。
公元1356年（元至正十六年）	朱元璋率郭子興部隊克集慶，自號吳公。
公元1360年（元至正二十年）	徐壽輝被部將陳友諒殺害，陳自稱漢帝。

公元1362 （元至正二十二年）	徐壽輝另一部將明玉珍稱帝重慶，國號夏。
公元1363年 （元至正二十三年）	朱元璋大敗陳友諒於鄱陽湖，陳中箭死，次年陳之子降朱。朱稱吳王。
公元1367年 （元至正二十七年）	朱元璋滅張士誠，方國珍投降。南方既定，朱元璋令徐達北伐。

中國人的故事（共6冊）

學習名人品德與精神　幫助孩子步向成功

56位中國古今名人的成功故事

中國人的故事

認識中華文化的特質和成就
學習名人品德和精神
放眼世界，邁向自我

- 領袖和改革家的視野
- 發明家和工程師的努力
- 詩人和小說家的才華
- 名醫和藥學家的高明
- 將軍和兵法家的勇謀
- 現代科學家的毅力

新雅文化事業有限公司

適讀年齡
9歲或以上

榮獲第二十七屆
冰心兒童圖書獎

獎

中國人的故事
名醫和藥學家的
高明

中國人的故事
領袖和改革家的
視野

中國人的故事
發明家和工程師的
努力

中國人的故事
詩人和小說家的
才華

中國人的故事
將軍和兵法家的
勇謀

中國人的故事
現代科學家的
毅力

系列特色

擴闊孩子視野

讓讀者了解中國六大範疇的發展與成就，六大範疇包括：政治、發明、科學、軍事、醫學、文學。

了解名人故事

講述古今中國共 56 位在不同範疇有非凡成就的佼佼者的故事，學習他們成功背後的秘訣。

學習提升自我

透過名人的故事，培養孩子的品德，學習精益求精、堅毅不屈的精神，幫助孩子步向成功。

內容程度適中

用字淺白，配以精美插圖，符合高小學生的閱讀能力，並能提升閱讀興趣。

中國歷史之旅（二版）

宋元興衰

作　　者：宋詒瑞
繪　　圖：野　人
責任編輯：陳志倩
美術設計：李成宇、蔡耀明
出　　版：新雅文化事業有限公司
　　　　　香港英皇道 499 號北角工業大廈 18 樓
　　　　　電話：(852) 2138 7998
　　　　　傳真：(852) 2597 4003
　　　　　網址：http://www.sunya.com.hk
　　　　　電郵：marketing@sunya.com.hk
發　　行：香港聯合書刊物流有限公司
　　　　　香港新界大埔汀麗路 36 號中華商務印刷大廈 3 字樓
　　　　　電話：(852) 2150 2100
　　　　　傳真：(852) 2407 3062
　　　　　電郵：info@suplogistics.com.hk
印　　刷：美雅印刷製本有限公司
　　　　　九龍觀塘榮業街 6 號海濱工業大廈 4 字樓 A 室
版　　次：二〇一七年十二月二版
　　　　　二〇二〇年七月第二次印刷

ISBN: 978-962-08-6966-2